Vorwort

Taal vitaal op school ist ein Niederländischkurs für Anfänger, der es ermöglichen soll, sich in den wichtigsten Alltagssituationen zu verständigen. Band 1 und 2 des Lehrwerks sind jeweils für ein Schuljahr konzipiert. Band 1 führt zu Stufe A1 und Band 2 zu Stufe A2 des Gemeinsamen Europäischen Referenzrahmens.

Taal vitaal op school 1 besteht aus Lehrbuch, Arbeitsbuch und einer CD, die sämtliche mit dem CD-Symbol gekennzeichneten Texte enthält.

Jede Lektion ist jeweils einem Thema gewidmet und umfasst sechs Abschnitte:

Basiswoorden (Basiswörter)	Sie führen in das Hauptthema der Lektion ein.
Aandacht voor (Aufmerksamkeit für …)	Hier wird der Lernstoff der Lektion anhand eines Dialogs oder Textes eingeführt.
Een stapje verder (Ein Schritt weiter)	In diesem Abschnitt wird der eingeführte Lernstoff vertieft und geübt.
Extra (Extra)	Hier wird das Lektionsthema erweitert.
***Ander*land**	Unter dieser Rubrik findest du landeskundliche Informationen in größtenteils authentischen Lesetexten.
Samenvatting (Zusammenfassung)	Sie bietet einen Überblick über die eingeführte Grammatik und die Sprechintentionen.

Da das Lehrbuch einen Rahmen für einen kommunikativen Unterricht bieten möchte, befinden sich sämtliche Grammatikerklärungen im Arbeitsbuch. Im Lehrbuch wird, wo es sinnvoll für die Kommunikation ist, Hilfestellung in Form von Hinweisen mit dem Begriff "Let op!" geboten.

Folgende Symbole dienen der Orientierung innerhalb einer Lektion:

Dieses Symbol am Rande weist auf eine Übung hin, die entweder in Partner- oder Gruppenarbeit gemacht wird. Solche Übungen bieten die Gelegenheit, zu zweit bzw. in einer kleinen Gruppe die eingeführten Sprechintentionen auszuprobieren und dabei die anderen Mitschüler (*medeleerlingen*) kennen zu lernen.

Dieses Symbol weist darauf hin, dass sich der entsprechende Text auf CD befindet. Die Zahl neben dem Symbol gibt den Track auf der CD an.

Dieses Symbol weist auf eine Hörverständnisübung hin. Bei diesen Übungen wird von dir keinesfalls erwartet, dass du alles verstehst, sondern dass du die gestellte Aufgabe löst. Wenn Fragen zum Hörtext gehören, lies sie vor dem Hören, damit du vorab weißt, worum es geht.

Dieses Symbol weist auf eine Schreibübung hin. Achte auf die Form, in der die Übung gemacht werden soll.

Dieses Symbol weist auf eine Gelegenheit hin, deinen eigenen Wortschatz anzulegen, denn hier bestimmst du, welche Vokabeln du noch lernen möchtest. Du kannst dabei ein Wörterbuch zu Rate ziehen, dich an die Lehrerin/den Lehrer wenden oder dich mit anderen Mitschülern austauschen.

Nun möchten wir dir *veel plezier en succes* mit **Taal vitaal op school** wünschen!

Dein **Taal vitaal op school**-Team

Inhalt Band 1

Inhalt Band 1

Dag!

Basiswoorden: begroetingen

1 Wie zegt wat?

Goedemorgen!	Goedemiddag!	Dag!	Goedenavond!	Goedenacht!
3	4	5	1	2

Aandacht voor: kennismaken, jezelf voorstellen

2 Luister. Wat hoort bij elkaar? 1

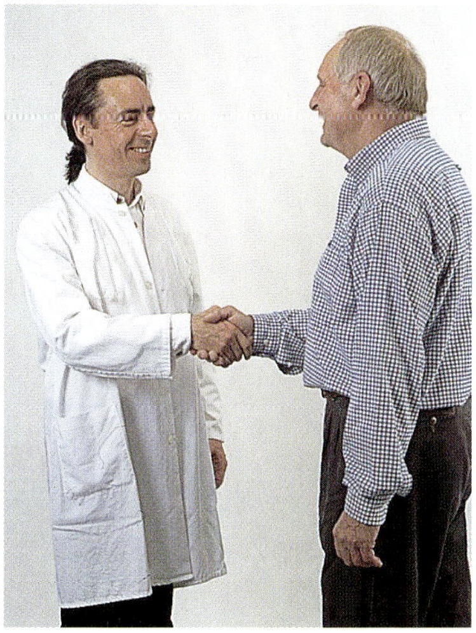

In het ziekenhuis

Op een camping

Op kantoor

Op school

Aandacht voor: kennismaken, jezelf voorstellen

3 Dialogen. 1

1

Marijke:	Dag, ik ben Marijke.
Gabi:	Hallo, ik ben Gabi.
Marijke:	Gabi? Dat klinkt nogal Duits; kom je uit Duitsland?
Gabi:	Ja, dat klopt. Ik ben Duitse.
Marijke:	En waar kom je vandaan?
Gabi:	Ik ben geboren in een dorpje vlakbij Aken, maar nu woon ik in Berlijn. En waar kom jij vandaan?
Marijke:	Uit Amsterdam.

2

Mirjam de Vries:	Goedemorgen. Bent u de nieuwe collega?
Maarten de Jong:	Ja, ik ben Maarten de Jong.
Mirjam de Vries:	Mirjam de Vries.
Maarten de Jong:	Hallo.
Mirjam de Vries:	Kom je uit Amsterdam?
Maarten de Jong:	Nee, ik kom uit Maastricht.

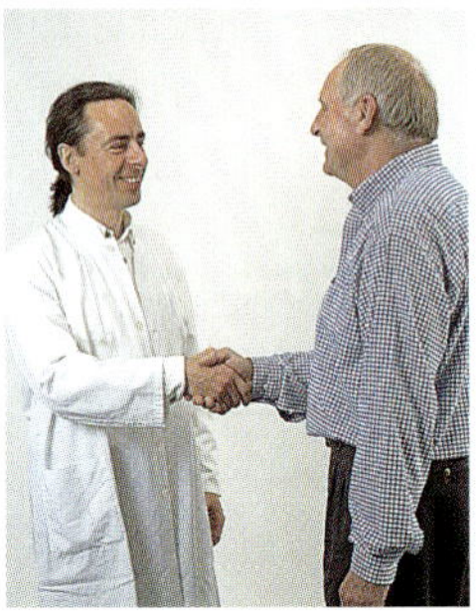

3

René Meurs:	Goedemiddag. Bent u meneer Smit?
Jan Rietman:	Nee, ik ben Jan Rietman. Dat is meneer Smit.
Heiko Schmidt:	Ja, ik ben Heiko Schmidt.
René Meurs:	O ja, Schmidt; komt u uit Duitsland?
Heiko Schmidt:	Nee, ik kom uit Oostenrijk.

4

Rob:	Hoi, ben jij de nieuwe leerling?
Linda:	Ja, ik ben Linda. Wie ben jij?
Rob:	Ik ben Rob. Waar kom je vandaan?
Linda:	Ik kom uit België en we wonen nu in Utrecht.
Rob:	Ga zitten, deze stoel is nog vrij.
Linda:	Prima, dank je wel.

schrift

4 Schrijf op.

naam	Waar komt hij/zij vandaan?
Marijke	Zij komt uit Amsterdam.
Gabi	Zij is geboren in ... maar ze woont in ...
Maarten	Hij ...

Aandacht voor: kennismaken, voorstellen

5 Lees de dialogen en schrijf de uitdrukkingen op.

begroeting	vraag naar de herkomst
Dag, ...	Kom je uit ...?

6 En jij?

Stel je aan een andere leerling voor.
Vraag waar hij/zij vandaan komt.

Dag, ik ben …
– Hallo, ik ben …
En waar kom je vandaan?
– Ik kom uit …, maar ik woon in …

Let op!

je komt →	kom je?
u komt →	komt u?
hij komt →	komt hij?
zij komt →	komt zij?

Les 1

7 Vertel het aan de klas.

Aandacht voor: kennismaken, jezelf voorstellen

8 Wat hoort bij elkaar?

hij	stad
hoi	dat
Nederlander	daar
dorp	zij
Duitse	dag
hier	u
je	Duitser
dit	Nederlandse

9 Wie zegt wat?

- Woont u in Aken?
- Tot ziens!
- Waar kom je vandaan?
- Ik ben Jan Rietman.

10 Hoi, ben je ...?

Schrijf een fictieve naam en woonplaats op een briefje.
Geef de briefjes aan de lerares/leraar. Hij/Zij vertelt hoe het verder gaat.

Hoi, ben je Thomas uit Münster?
– Ja, dat klopt. /
– Nee, ik ben ... en ik kom uit ...

11 Vertel het aan de klas.

Dit is ... en hij/zij komt uit ...

Een stapje verder: het alfabet

12 Luister en spreek na. 2

A B C D E F G H I J K L M

N O P Q R S T U V W X Y Z

13 Luister nog een keer. 2

Welke letters klinken heel anders dan in het Duits? Schrijf ze op.

schrift

14 Kun je deze Nederlandse afkortingen uitspreken?

EU · IQ · tv · VVV · KLM

PTT · a.u.b. · ANWB · KNMI

wc · PSV · WK · VS

Ken je nog andere afkortingen?

15 Kun je dat even spellen?

Vraag een medeleerling naar zijn/haar naam.

Hoe heet je?
– Germann, Joachim Germann.
Kun je dat even spellen?
– Ja, G-E-R-M-A-N-N. En jij?
…

Extra: anderland

Hier zie je een kaart met alle zeven Euregio's in het Belgisch-Duits-Nederlandse grensgebied. De Euregio's zetten zich voor een goede samenwerking tussen de drie landen in. Dit boek is op initiatief van de EUREGIO tot stand gekomen. Misschien woon jij ook in één van deze Euregio's? Zoek de naam op!

EDR
www.edr.org

EUREGIO
www.euregio.de

euregio
www.euregio.org

euregio rhein-maas-nord rijn-maas-noord
www.euregio-rmn.de

MEUSE-RHIN MAAS-RIJN MAAS-RHEIN
www.euregio-mr.org

EUREGIO BENELUX MIDDENGEBIED
www.euregiobmg.com

EUREGIO SCHELDEMOND
www.euregioscheldemond.be

Samenvatting

personaal pronomen / **modale hulpwerkwoorden**

	zijn	kunnen
ik	ben	kan
je/jij	bent	kunt/kan
u	bent	kunt/kan
hij / ze/zij / het	is	kan
we/wij / jullie / ze/zij	zijn	kunnen

presens / **werkwoorden**

komen	wonen	heten
kom	woon	heet
komt	woont	heet
komt	woont	heet
komt	woont	heet
komen	wonen	heten

vraagzin

Ben Kun/Kan Woon Kom Ken	je ...?	Ben**t** Kun**t**/Kan Woon**t** Kom**t** Ken**t**	u ...?

preposities

aan, in, met, naar, op, tot, uit, vlakbij

vraagwoorden

hoe, wat, wie, waar

Les 1

bepaald artikel

de leerling — het ziekenhuis
de klas — het kantoor

onbepaald artikel

een leerling — een ziekenhuis
een klas — een kantoor

Uitdrukkingen

Hallo! Hoi! — Goedemorgen/Goedenavond!

Dag!

Hoe heet je? — Hoe heet u?
Ben je Nederlander/Nederlandse? — Bent u Nederlander/Nederlandse?
Ben je Duitser/Duitse? — Bent u Duitser/Duitse?
Kom je uit Nederland/Duitsland? — Komt u uit Nederland/Duitsland?
Waar kom je vandaan? — Waar komt u vandaan?

Dat klopt!

Wie zegt wat?

Hoe gaat het?

Basiswoorden: hoe het met iemand gaat

1 Wat kun je antwoorden op de vraag: Hoe gaat het met je/u?

Zet de volgende uitdrukkingen in de goede volgorde (positief → negatief) en schrijf ze op.

positief

negatief

Uitstekend. Goed. Fantastisch! Niet zo goed. Het gaat wel.
Prima! Hartstikke goed! Niet zo best. Slecht. O, best!

2 Luister. Hoe gaat het met de volgende personen?

Schrijf op.

Gerard	✔		
Leonie			
Mirjam			
Joop			

➔ *Met Gerard gaat het uitstekend.*
Met Leonie gaat het …

Aandacht voor: kennismaken, iemand voorstellen

3 En jij?

Loop door de klas en vraag je medeleerlingen en je leraar hoe het met hen gaat.

Hoe gaat het met je/u?
– Prima. / O, best. / Met mij gaat het goed. / …

4 Luister. 4

a) Wat hoort bij elkaar?
Schrijf op: Wat past bij dialoog 1, 2, 3 en 4?

a. Een patiënt stelt zijn vrouw voor.
b. Een vrouw stelt een nieuwe collega voor.
c. Een toeriste stelt haar vriend voor.
d. Een leerling stelt een andere leerling voor.

b) Luister nog een keer. Zeggen de volgende personen „u“ of „jij“ tegen elkaar?
Schrijf op.

	u	je/jij
1. Tom en Marijke zeggen…		
2. Jan Hendrix en Maarten de Jong zeggen…		
3. René Meurs en Petra Schmidt zeggen…		
4. Luc en Linda zeggen…		

Aandacht voor: kennismaken, iemand voorstellen

Dialogen. 4

1

Marijke:	Hallo Gabi. Hoe gaat het vandaag?
Gabi:	Prima hoor! Marijke, dit is mijn vriend Tom. Tom, dit is Marijke. Ze komt uit Amsterdam.
Tom:	Hoi Marijke. Ben je hier ook op vakantie?
Marijke:	Nee, ik werk hier. Jullie boffen met het weer, zeg!
Tom:	Pardon? Wat zeg je?
Marijke:	Ik bedoel, jullie hebben geluk, het is lekker weer!
Tom:	Ah ja, dat klopt!

2 …

Jan Hendrix:	Goedemorgen!
Mirjam de Vries:	Goedemorgen, Jan, hoe is het met jou?
Jan Hendrix:	Goed, en met jou?
Mirjam de Vries:	Ook goed. Jan, dit is Maarten de Jong, onze nieuwe collega.
Jan Hendrix:	Hallo, ik ben Jan Hendrix. Welkom op de afdeling.
Maarten de Jong:	Dank je wel.

3 …

René Meurs:	Hoe gaat het met u?
Heiko Schmidt:	Dank u. Nou, niet zo best. Meneer Meurs, mag ik even voorstellen, dit is mijn vrouw.
René Meurs:	Prettig met u kennis te maken. Spreekt u Nederlands?
Petra Schmidt:	Ja, een beetje. Mijn dochter woont hier in de buurt.

4

Linda:	Hoi Rob! Hoe gaat het met je?
Rob:	Hartstikke goed. En met jou?
Linda:	Ook goed.
Rob:	Linda, mag ik je even voorstellen? Dit is Luc.
Linda:	Hoi! Hoe is het?
Luc:	O, best! Leer je ook Duits?
Linda:	Ik probeer het.
Rob:	Weet je, Linda komt uit België.
Luc:	Wat leuk!

Aandacht voor: kennismaken, iemand voorstellen

6 Wie is dat?

Tom	Zij werkt op de camping waar Tom en Gabi zijn.
Rob	Hij is een collega van Mirjam de Vries.
Marijke	Hij is de vriend van Gabi. Hij is met haar op vakantie.
Petra Schmidt	Hij zit in dezelfde klas als Linda en probeert Duits te leren.
Jan Hendrix	Zij is de vrouw van Heiko en heeft een dochter in Nederland.

7 Schrijf de passende uitdrukkingen uit de dialogen op.

schrift

vragen hoe het met iemand gaat	reactie

iemand voorstellen	reactie

8 Speel nu zelf een situatie na.

schrift

Maak groepjes van drie, schrijf een dialoog zoals op pagina 16 en speel die in de klas voor.

In de klas

In het ziekenhuis

Op een camping

?

Op kantoor

Aandacht voor: kennismaken, iemand voorstellen

9 Wat hoort bij elkaar?

jij hebt	vriendin
komen	zij zijn
hij/zij is	vakantie
werk	jullie hebben
nieuw	gaan
vriend	oud

10 Wie zegt wat?

- Prettig met u kennis te maken.
- Hoe is het met Janny en Toon?
- Hoi, hoe gaat het ermee?
- Goed. En met u?

11 Luister. 5

a) Zijn de volgende personen vrienden, kennissen of kennen ze elkaar niet? Schrijf de lijst op en kruis aan.

	vrienden	kennissen	kennen elkaar niet
Mevrouw Oost en meneer Huizen			
Saskia en mevrouw De Ven			
Adriaan en Hella			
Erik en meneer Zandstra			

b) En hoe gaat het met hen? Luister nog eens en schrijf op.

Mevrouw Oost	… Met haar gaat het niet zo goed.	Adriaan	…
Meneer Huizen	… Met hem gaat het goed.	Hella	…
Saskia	…	Erik	…
Mevrouw De Ven	…	Meneer Zandstra	…

Een stapje verder: 'je/jij' of 'u'?

12 Welke foto hoort bij welke tekst?

'Ik zeg tegen vrienden, bekenden en andere jonge mensen gewoon 'je'! Natuurlijk zeg ik 'u' tegen oudere mensen die ik niet ken. Ja, en tegen mijn oma zeg ik ook 'u'!'

'Automatisch 'je' en 'jij' vind ik niet correct. Mijn generatie zegt liever 'u', soms ook tegen familie. Ik zeg alleen 'je' als ik iemand goed ken.'

'Op school zeggen alle leerlingen 'jij' en 'je' tegen elkaar, maar tegen mijn leraar zeg ik natuurlijk 'u'.'

'Bij ons in het ziekenhuis zeggen de collega's 'je' en 'jij' tegen elkaar , maar tegen mijn patiënten zeg ik natuurlijk 'u'.'

1 Mevrouw Huf, huisvrouw

2 Elly de Ridder, arts

3 Marc Vandervoorde, leerling

4 Maaike Heemstra, studente

13 En wat vind jij? Lees de argumenten.

Ik vind 'je/jij' beter.
Het klinkt vriendelijker.

Ik vind ...

Nou, 'u' is toch niet onvriendelijk!

Dat vind ik niet.

Als je iemand niet kent, moet je 'u' zeggen!

Ik ben voor 'u'!

'Je/jij' is toch leuker.

Wat zeg je tegen je moeder, je vriend, je oma, je buurman, je trainer, je arts, je buschauffeur...?

Extra: de getallen

14 De getallen van 1 – 100. 6

		1	een	**6**	zes	**11**	elf	**16**	zestien
		2	twee	**7**	zeven	**12**	twaalf	**17**	zeventien
0	nul	**3**	drie	**8**	acht	**13**	dertien	**18**	achttien
		4	vier	**9**	negen	**14**	veertien	**19**	negentien
		5	vijf	**10**	tien	**15**	vijftien	**20**	twintig

21	eenentwintig	**30**	dertig	**70**	zeventig
22	tweeëntwintig	**40**	veertig	**80**	tachtig
23	drieëntwintig	**50**	vijftig	**90**	negentig
24	vierentwintig enz.	**60**	zestig	**100**	honderd, honderd (en) één enz.

15 Luister. 7

Schrijf de getallen op die je hoort.

15/50 89/98 13/33 70/17 88/80 19/90 60/16 44/40

16 Luister. 8

Van welk spoor vertrekt de trein? Schrijf op.

naar	vertrek	spoor
Rotterdam	10.55	
Utrecht	11.05	
Groningen	11.12	
Keulen	11.15	
Zandvoort aan Zee	11.18	
Parijs	11.24	

De trein naar Rotterdam vertrekt vanaf spoor…

17 Hoe gaat het verder?

Lees voor en vul aan.

1 — 3 — 5 — …
6 — 12 — 24 — …
11 — 22 — 44 — …
98 — 87 — 76 — 65 — …
…

22 + 16 = …	(+ = en / plus)
3 x 5 = …	(x = keer / maal)
99 : 3 = …	(: = gedeeld door)
75 – 23 = …	(– = min)

Extra: de getallen

18 Maak een lijst met de namen, adressen en telefoonnummers van je medeleerlingen en je lerares/leraar.

Hoe heet je/u (met achternaam)?
– Ik heet …
Kun je/Kunt u dat even spellen?
– Ja, …

En wat is jouw/uw adres?
– Mijn adres is …
Kun je/Kunt u de straatnaam even spellen?
– Ja, …

Kan ik je/u opbellen? Wat is jouw/uw telefoonnummer?
– Mijn telefoonnummer is 020/3934459.
Heb je/Hebt u misschien ook een e-mailadres?
– Nee, ik heb geen pc.

naam	adres	(kengetal) telefoonnummer
Thijs van Kooten	Wilgenlaan 36 7671 WC Vriezenveen	0546 / 883427
Anouk Hendriks	Korianderhof 46 7444 JR Nijverdal	0548 / 964863

19 Van wie is het nummer?

Neem nu je adressenlijst en vraag aan je medeleerlingen:

67819. Van wie is dat nummer?
– Dat is mijn nummer/het nummer van …
– Weet je het e-mailadres van …?
– Het e-mailadres van … is …

Het geheim van de postzegel. Nu verkrijgbaar op het postkantoor.
Een velletje postzegels met 10 verschillende, leuke boodschappen.
Wie gaat u verrassen?

Wij zorgen ervoor. ptt post

Samenvatting

Grammatica

hulpwerkwoorden

hebben	
ik	heb
je/jij	hebt
hij / ze/zij / het	heeft
u	heeft/hebt
we/wij	hebben
jullie	hebben
ze/zij	hebben

mogen, moeten	
ik	mag/moet
je/jij	mag/moet
u	mag/moet
hij / ze/zij / het	mag/moet
we/wij	mogen/moeten
jullie	mogen/moeten
ze/zij	mogen/moeten

negatie

Dat vind ik **niet**.	bij een verbum
Ik heb **geen** fax.	bij een substantief

possessief pronomen

ik	mijn	
je/jij	je/jouw	
u	uw	
Dit is		
hij	zijn	adres.
ze/zij	haar	vriendin.
het	zijn	
we/wij	onze vriendin.	(bij de-woorden)
	ons adres.	(bij het-woorden)
jullie	jullie	adres.
ze/zij	hun	vriendin.

Let op!

personaal pronomen

Met **mij** gaat het goed.

Hoe is het met	je/jou?
	u
	hem
	haar
	het (kind)
Hoe is het met	ons
	jullie
	hen/ze

Uitdrukkingen

Hoe gaat het (ermee)? / Hoe is het met je/jou?
Uitstekend! / Hartstikke goed! / O, best!
Mag ik je/u even voorstellen?
Spreek je Nederlands?
Sorry. (Wat zeg je?)
Dank je wel. / Bedankt.

Hoe gaat het met u? / Hoe maakt u het?
Goed, dank u.
Prettig met u kennis te maken.
Spreekt u Duits?
Pardon. (Wat zegt u?)
Dank u wel.

We zijn op/met vakantie.
Jullie boffen (met ...)!
Het is lekker weer!

Hoe is ze?
Basiswoorden: karaktereigenschappen

1 Welke beschrijving past bij wie?

De persoon met het nummer één is ...

slordig · druk · sportief · romantisch · pessimistisch · grappig

Jelle

2 Hoe zijn ze?

➔ *Volgens mij is Jelle/Rina …*
Hij/Zij is (niet) erg …

Rina

Basiswoorden: karaktereigenschappen

3 Een persoonlijkheidstest. Wat voor type ben je?

Ben je ...?

druk ↔ stil
netjes ↔ slordig
grappig ↔ serieus
sportief ↔ niet sportief
optimistisch ↔ pessimistisch
realistisch ↔ romantisch, gevoelig

4 Zet de volgende uitdrukkingen in de goede volgorde.

Zoek de goede volgorde van de volgende uitdrukkingen.

een beetje heel (erg) helemaal niet niet zo vrij/nogal erg	slordig

Schrijf deze lijst op, vul de uitdrukkingen in de goede volgorde en eigenschappen uit nummer 3 in.

	druk	...	...
1. heel (erg)	~	~	
2. ...	~		
3 ...			

5 En jij?

Vraag je medeleerlingen en zet de naam in je lijst.

Ben je sportief?
– Ja, heel erg.
Ben je romantisch?
– Ja, ik ben vrij romantisch. /
– Nee, ik ben niet zo/helemaal niet romantisch.

6 Vertel het aan de klas.

Gebruik daarbij je lijst.

Sarah en ik zijn allebei romantisch.
We zijn ..., maar niet ...
Hij/Zij is nogal ..., maar ik ...

Aandacht voor: iemand beschrijven

7 Dialoog: Twee vriendinnen op school. 9

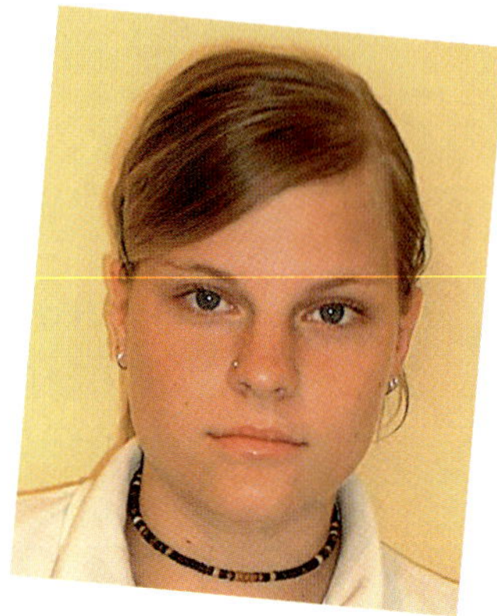

Sanne: Wie is dat?
Carla: Wie bedoel je?
Sanne: Ik bedoel dat blonde meisje bij de bibliotheek.
Carla: Het meisje naast Ina?
Sanne: Ja, dat slanke meisje.
Carla: Dat is de nieuwe leerling uit mijn klas.
Sanne: Een nieuwe leerling? Hoe heet ze?
Carla: Renée Schols.
Sanne: En waar komt ze vandaan?
Carla: Uit een klein plaatsje in de buurt van Rotterdam.
Sanne: En hoe is ze? Ze kijkt zo serieus.
Carla: Ze is erg aardig, maar inderdaad wel een beetje stil.
Sanne: Tja, niet iedereen is zoals jij!
Carla: Dat klopt!

schrift

8 Schrijf op en beantwoord dan de vragen.

naam	karaktereigenschappen	uiterlijk
Renée Schols		
Carla		

1. Wie is dat blonde meisje? De nieuwe leerling.
2. Hoe heet ze? ...
3. Waar komt ze vandaan? ...
4. Wat voor type is ze? ...
5. Hoe ziet ze eruit? ...
6. Wat voor type is Carla? ...

Let op!

de grote man/vrouw — Kees is **een** aardige man. / Nellie is **een** aardige vrouw.
het kleine kind/meisje — *Maar:* Jeroen is **een** aardig kind. / Renée is **een** aardig meisje.

!

A-Z

9 Brainstormen. Welke andere woorden gebruik je voor personen?

Je kunt ook een woordenboek gebruiken of je lerares/leraar vragen.

vriendelijk gezellig beleefd lief ...

Hoe zeg je ... in het Nederlands?

Een stapje verder: vrienden en familie

10 Schrijf op en vul in.

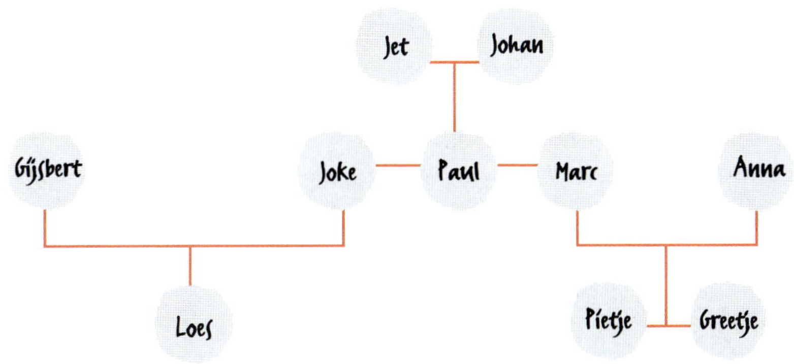

1. Marc is de ... man van Anna. Zij is zijn ...
2. Johan is de ... van Marc en Jet is zijn ...
3. Pietje is de ... van Marc en Anna. Greetje is hun ...
4. Joke is de ... van Marc. Paul is zijn ...
5. Joke is de ... van Pietje en Greetje en Paul is hun ...
6. Pietje is de ... van Joke en Paul. Greetje is hun ...
7. Joke is de ... van Anna en Paul is haar ...
8. Johan is de ... van Pietje, Greetje en Loes. Jet is hun ...
9. Pietje is de ... van Loes en Greetje is haar ...
10. Loes is het ... van Jet en Johan.

de vader · de broer · de zoon · de oom · de neef · de opa · de zwager · het kleinkind
de moeder · de zus · de dochter · de tante · de nicht · de oma · de schoonzus

11 Luister. 10

Drie personen vertellen over hun beste vrienden. Maak een lijst en schrijf op.

	naam van de beste vriend(in)	relatie	Hoe is hij/zij?
persoon 1			
persoon 2			
persoon 3			

Les 3

Een stapje verder: vrienden en familie

12 Wie is jouw beste vriend(in)? Vraag het aan je medeleerlingen en schrijf op.

mijn zus · mijn broer · iemand uit mijn straat
mijn nicht/neef · de zoon/dochter van onze buren
een medeleerling · iemand uit mijn club · een familielid

naam van de leerling	beste vriend(in)	Hoe is hij/zij?

Wie is jouw beste vriend(in)?
– Mijn beste vriend(in) is mijn … /is een … /is …
Hoe heet hij/zij?
– Zijn/haar naam is …

13 Vertel dan aan de klas wat je te weten gekomen bent.

Lisa's beste vriendin is haar zus, Monika.
– Monika is optimistisch en erg aardig.
Is ze ook nog sportief?
– Nee, ze is niet sportief / ze doet niet aan sport.

Een stapje verder: vrienden en familie

14 Vraag je partner naar de ontbrekende informatie.

Leerling A: Je werkt met deze pagina.
Leerling B: Je werkt met pagina 90.

Leerling A: Je bent op een internationale camping. Vandaag komen er zes nieuwe kampeerders aan. Je weet nog niet alles over hen. Schrijf de lijst op, vraag je buurvrouw/buurman naar de ontbrekende informatie en vul de lijst in.

Voornaam	Annette	Joke	Margriet	Heinz	Danny	Joe
Achternaam	—	Verbeek	van den Berg	—	—	Highland
Komt uit …	—	België	—	Duitsland	Zwitserland	—
Hoe is hij/zij?	sportief,	—	stil,	—	druk,	—
	grappig	—	gevoelig	—	pessimistisch	—

Vraag naar: achternaam, herkomst en eigenschappen.

➔ *Wat is Annettes achternaam?*
Komt Annette uit Duitsland? / Waar komt Annette vandaan?
Is Heinz sportief? / Hoe is Heinz?

15 Geef antwoord op de volgende vragen.

➔ *Komen Annette en Heinz allebei uit Duitsland?*
– Ja, ze komen allebei uit Duitsland. / – Nee, dat klopt niet. Ze komen …

1. Komen Annette en Heinz allebei uit Duitsland?
2. Komen Joke en Margriet allebei uit Nederland?
3. Zijn Joke en Margriet allebei stil?

Maak volgens dit schema nog een paar vragen.

Extra: het uiterlijk beschrijven

16 Wat past bij wie? Schrijf op hoe ze zijn.

dun ◎ kort ◎ mooi ◎ groot ◎ kaal ◎ dik ◎ blond ◎ knap ◎ donker ◎ bruin

Ruud is groot. Loes is …
Monique is … Willem …
Gijsbert heeft blauwe ogen. Tamara …
Joke is donker. Pietje is … Jan …
Greetje heeft lang haar …
Jos ziet er goed uit. Hij is … Anna is erg leuk en attractief. Zij is …
Paul heeft een snor. … heeft een baard.
… draagt een bril.

17 Welke andere woorden horen er nog bij?

jong/oud … …

Extra: het uiterlijk beschrijven

18 Welke beschrijving past bij wie?

1 Peter, mijn vader, is niet zo groot maar ook niet klein. Hij is kaal, maar hij heeft een lange baard en mooie bruine ogen – en hij is erg lief!

2 Mijn zussen? Nou, die zijn groot en slank, niet zo dik als ik! Ze hebben allebei blauwe ogen en kort, blond haar; ik vind ze erg knap. Wat zeg je? Een tweeling? Ja, dat klopt, maar er is één verschil: Sanne draagt een bril en Els niet.

3 Hoe ik eruit zie? Nou, ik heb blauwe ogen. Mijn haar is kort en donker. Ik ben niet klein maar ook niet groot. Ik ben een beetje dik, maar dat valt bij mijn lengte niet zo op. Mijn vriendin zegt dat ik er goed uitzie.

Les 3

b) Beschrijf nu de andere twee personen.

19 Luister. Teken wat je hoort.

Zoek in dit boek een plaatje van een persoon die je leuk vindt. Beschrijf deze persoon. Je partner tekent wat hij/zij hoort. Vergelijk dan het resultaat met het plaatje.

en

n mijn oudste dochter
l. Ze had een relatie
gebracht en was
ijn man en ik waren
g was. Haar vriend
is. Je kon goed met
innam, was de
ging. De hele tijd
ir kon doen.
eetje té vond, maar
aren erg verliefd.
ndacht die hij voor
er. Hij leek wel
r heel voorzichtig een
at nu juist zo fijn
alleen. In die tijd
ikte zich zorgen
ndere manier kreeg
a niet meer zagen.
, gebeurde er altijd
vaardoor ze op het
te moment was
inderd. Ook andere
iden en vriendinnen
n haar nooit meer.
nniste niet meer, en
van jazzballet
aan. Ze kwam zelfs
meer op verjaar-
i. Ook wij zagen
nog zelden. Dat
me veel verdriet
we hadden een
contact. Toen
i Annemarie en
n samenwonen.
foon stond altijd op
iaren. 'Simon vindt
ijn dochter. Als ze
uten al Simons
wel lang genoeg
rie langzamer-
ir werk en meteen
vrije tijd bracht ze
ian hun zeldzame
kte haar bij haar

Liefs

Lieve Gerda,
je bent een collega uit duizenden. Je hebt me enorm geholpen de afgelopen tijd. Dat zal ik nooit vergeten!
Liefs van Yvonne uit Wassenaar

Liefste mama,
bedankt voor al uw zorgen, en voor uw vriendschap die heel veel voor me betekent. U bent een fantastische moeder!
Bianca uit Ede

Beste Riet en Antoon,
jullie hebben me veel hulp en steun gegeven in het afgelopen jaar. Jullie zijn buren uit duizenden!
Groetjes van Jo uit Naarden

dochter
relatie
was
waren
vriend
ed met
de
tijd
maar
fd.
voor
el
itig een
fijn
tijd
en
kreeg
igen.
iltijd
het
s
ndere
innen
ieer.
r, en

Liefs

Els,
bedankt voor alle liefs en gezelligheid de afgelopen dertig jaar.
Van je gekke man Gert

Tante Peggy,
jij bent de allerliefste, de mooiste en gezelligste tante die er bestaat.
Heel veel liefs en kusjes van Romy

Joke,
wat fijn dat we zo'n grappig zusje hebben als jij! Blijf zo als je bent!
Lien en Toni

Samenvatting

Grammatica

adjectief

Hij/Zij is (vrij) sportief.
We zijn niet romantisch.

adverbium

Ik ben **erg gevoelig**.
Hij/Zij is **vrij** sportief.

adjectiefuitgangen

de grote man/vrouw	**een** grote man/vrouw
het grote kind/meisje	**een** groot_ kind/meisje !

Ze is aardig **maar** wel een beetje stil.

preposities

op, bij

demonstratief pronomen

dit / dat
deze / die

Les 3

Uitdrukkingen

Volgens mij ...
Ik ben nogal slordig. Ben je ook een beetje slordig?
Wie bedoel je?
Hoe zeg je ... in het Nederlands?
Ze doet niet aan sport.
Ze heeft lang haar.

Wie is dit?	Wie zijn dit?
Wie ben je?	Wie zijn ze?
Hoe heet ze?	Hoe heten ze?
Hoe ziet ze eruit?	Hoe zien ze eruit?

Hoeveel?

Basiswoorden: de getallen

1 Luister. 11

100	honderd	**1000**	duizend
200	tweehonderd	**1246**	twaalfhonderd zesenveertig
388	driehonderd achtentachtig	**3271**	drieduizend tweehonderdeenenzeventig

1.000.000	een miljoen
2.350.000	twee miljoen driehonderdvijftigduizend

1998	negentienhonderd achtennegentig
2002	tweeduizend twee

2 Luister. 12

Schrijf de getallen op die je hoort.

114 884 651 150 400 458 650 890 87 17 99 107

Schrijf nu zelf 5 getallen van 3 cijfers op. Lees ze aan je partner voor.
Hij/zij schrijft de getallen op. Vergelijk het resultaat.

3 Quiz: Wie kent Nederland en België?

Hoeveel provincies heeft Nederland? 12 20 23
Hoeveel inwoners heeft Nederland? 15 miljoen 16 miljoen 21 miljoen
Hoeveel mensen spreken Nederlands? 21 miljoen 27 miljoen 34 miljoen
Hoeveel mensen spreken in België Nederlands? 4,8 miljoen 5,6 miljoen 6,3 miljoen
Hoeveel provincies heeft België? 7 8 9
Hoeveel Nederlandse toeristen breken een been tijdens de wintersportvakantie?
1000 2880 6500

4 Vertel het nu aan je partner.

Ik denk/Ik geloof dat Nederland … provincies heeft.
En wat denk jij?
– Ik denk …/ – Ik weet het niet!

Let op!

een man	➡	twee mannen	-en
een vrouw	➡	twee vrouwen	
een inwoner	➡	veel inwoners	-s
een kaartje	➡	zes kaartjes	
een baby	➡	twee baby's	-'s
een foto	➡	veel foto's	

Aandacht voor: getallen gebruiken

5 Waar of niet waar?

Geef antwoord op de stellingen.

1. Twee mannen en één vrouw hebben geen kaartje.
2. Er is maar één baby te zien.
3. Er zijn drie vrouwen met een hoed.
4. Er is maar één man met een bril.
5. Er zijn twee vrouwen met kort blond haar.

Vertel nu hoeveel mensen/mannen/vrouwen/kinderen je op het plaatje ziet.

➔ *Er is één … / Er zijn …*

6 Dialoog: Bent u Nederlandse? 13

John Travis: 82 b, 82 c, 82 d - zo, hier is 82 d.
Neemt u me niet kwalijk, mevrouw,
u zit op mijn plaats.

Saskia Elting: Even kijken. O ja, u hebt gelijk, ik heb 82 c. Sorry!

John Travis: Dat geeft niet hoor.

…

John Travis: Bent u Nederlandse?

Saskia Elting: Ja, dat klopt. En u? Waar komt u vandaan?

John Travis: Eigenlijk uit Amerika, maar ik woon sinds twee jaar in Amsterdam.

Saskia Elting: Goh, wat spreekt u goed Nederlands!

John Travis: Dank u wel. Is dat uw dochtertje?

Saskia Elting: Ja, ze reist voor de eerste keer met de trein en ze vindt het erg leuk. Hebt u ook kinderen?

John Travis: Ja, ik heb er drie, twee zoons en een dochter!
O, daar komt de conducteur!

conducteur: Uw plaatsbewijzen, alstublieft!

Een stapje verder

7 En jij?

Teken de stamboom van jouw familie (zie pagina 27).
Vraag een andere leerling naar zijn/haar gezin/familie.

Hoeveel broers en zussen heb je?
– Ik heb … / Ik heb geen …
Heb je een neef of een nicht?
– Ja, ik heb … neven. / Nee, ik heb geen nicht.
Heb je een hond, een kat of een ander huisdier?
…

Let op!
Ik heb **geen** broer.
tante.
neven en nichten.
hond/kat.

8 Vertel het aan de klas.

Alexander heeft een broer. Hij heet Florian. Hij heeft ook …
Hij heeft geen …, maar hij heeft … en …

9 Zoek iemand die …

Schrijf op.

	naam van de leerlingen
familie/vrienden in Nederland heeft.	
slordig/sportief/romantisch is.	
een mobieltje heeft.	
huisdieren heeft.	
goed op school is.	
een groot gezin heeft.	

Heb je … / Heeft u …?
– Ja, ik heb … / Nee, ik heb geen …

Ben je … / Bent u …?
– Ja, ik ben … / Nee, ik ben niet …

10 Vertel het nu aan de klas.

Een stapje verder

11 Vraag een andere leerling.

Leerling A: Je kijkt op deze pagina.
Leerling B: Je kijkt op pagina 91.

Leerling A: Je ziet hier een foto van de familie Mulder. Jouw partner heeft een andere foto van deze familie. Vraag jouw partner wie er op zijn/haar foto staat en wie niet.

Formuleer vragen op deze manier:

Staat er een man met een snor op jouw foto?
– Ja, inderdaad. / Nee, op mijn foto staat geen man met een snor.

Zijn er vier kinderen op jouw foto te zien?
– Ja, inderdaad. / Nee, ik zie er maar drie.

Is er een vrouw met een bril op jouw foto?
– Ja, er is een vrouw met een bril. / Nee, ik zie geen vrouw met een bril.

Staat er een oude vrouw met een poes op jouw foto?
– …

Les 4

Extra: de tijd

12 Vertel.

1 minuut = … seconden
1 half uur = … minuten
1 maand = … weken

1 uur = … minuten
1 kwartier = … minuten
1 jaar = … maanden
Een minuut heeft …

1 dag = … uur
1 week = … dagen
1 eeuw = … jaar

13 Hoe laat is het?

Het is drie uur.

Het is kwart over drie.

Het is half vier.

Het is kwart voor vier.

Het is vijf (minuten) voor vier.

Het is bijna vier uur.

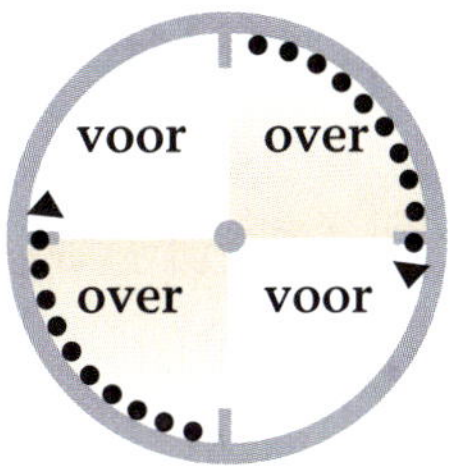

vanmorgen vanmiddag vanavond vannacht

Extra: de tijd

14 Wat hoort bij elkaar?

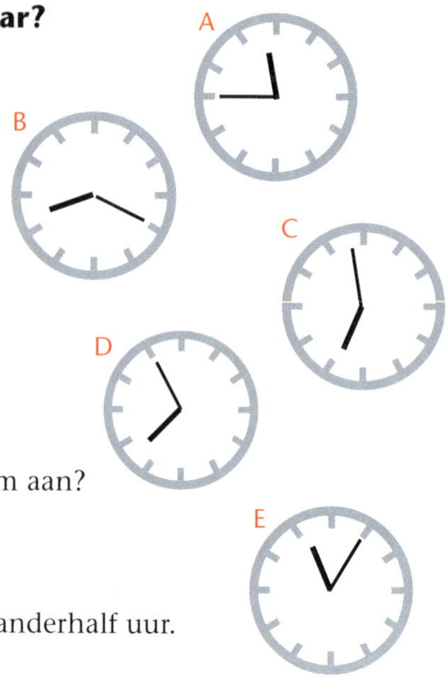

1. Sorry, kun je mij zeggen hoe laat het is?
   – Ja, het is bijna zeven uur.
   Dank je wel!

2. Wanneer vertrekt de volgende trein naar Den Bosch?
   – Over twintig minuten, om vijf voor half twaalf.

3. Marijke, hoe laat begint de film?
   – Om half negen. Dus hebben we nog maar tien minuten!

4. Mag ik u iets vragen? Hoe laat komt de trein uit Amsterdam aan?
   – Ik geloof om kwart voor twaalf, op spoor negen.

5. Hoe lang duren je lessen?
   – Die duren precies drie kwartier en Nederlands soms ook anderhalf uur.
   En wanneer begint bij jullie de eerste les?
   – Die begint al om vijf voor acht.
   Goh, dat is vroeg, zeg!

15 Luister. 14

Is de informatie die je hoort juist?

geopend	Artis Amsterdam	Van Gogh Museum	Grachtenrondvaart
dagen	maandag t/m zondag	dinsdag t/m zondag	dagelijks
tijd	9.30 – 17.30 uur	10.00 – 17.00 uur	9.00 – 18.00 uur

Les 4

Het lesrooster

Klas 2 HAVO

	Maandag	Dinsdag	Woensdag	Donderdag	Vrijdag
1	RA **en** A010	PS **fa** E104	SI **wi** D111	AG **mu** A118	SI **wi** D101
2	LU **du** A008	RR **lo**	PT **bi** D001	BS **gs** E105	RR **lo**
3	BS **gs** D105	RA **en** A104	MN **if** B104	PS **fa** A101	VB **ne** A010
4	SI **wi** D107	LU **du** A008	MN **if** B104	PT **vz** D001	LU **du** A008
5	BJ **gd** D111	VB **ne** C104	VB **ne** A010	BA **nw** D110	BJ **gd** D111
6	RR **lo**	BA **nw** D101	PS **fa** A104	VB **ne** A101	RA **en** A106
7	EV **tn** DK06				
8	EV **tn** DK06				

De lessentabel

Vakken	Afkortingen	Docenten
Nederlands	ne	VB
Frans	fa	PS
Duits	du	LU
Engels	en	RA
Geschiedenis	gs	BS
Godsdienst	gd	BJ
Wiskunde	wi	SI
Biologie	bi	PT
Natuurwetenschappen	nw	BA
Muziek	mu	AG
Tekenen	tn	EV
Lichamelijke opvoeding	lo	RR
Verzorging	vz	PT
Informatiekunde	if	MN

De lestijden

1e les	08.30 – 09.20 uur
2e les	09.20 – 10.10 uur
	PAUZE
3e les	10.25 – 11.15 uur
4e les	11.15 – 12.05 uur
	PAUZE
5e les	12.25 – 13.15 uur
6e les	13.15 – 14.05 uur
7e les	14.05 – 14.55 uur
8e les	14.55 – 15.45 uur

Samenvatting

Grammatica

pluralis bij substantieven

een man	➠	twee mannen	-en
een vrouw	➠	twee vrouwen	
een inwoner	➠	veel inwoners	-s
een kaartje	➠	zes kaartjes	
een baby	➠	baby's	-'s
een foto	➠	foto's	

voorlopig subject

Er is één man te zien.	Ik zie één man.
Er zijn zeven vrouwen te zien.	Ik zie zeven vrouwen.

telwoord

Hebt u ook kinderen?

– Ja, ik heb **er** drie.
– Nee, ik heb geen kinderen.

Het is vijf uur.
Het is half zes.
Het is kwart over zes.

adverbia

's morgens / 's ochtends
's middags
's avonds
's nachts

Uitdrukkingen

Ik denk/geloof dat ...
Neemt u me niet kwalijk, mevrouw!
O, pardon/sorry!
Dat geeft niet!
Hoe laat is het?
Kom je op maandag of op dinsdag?
De trein vertrekt om kwart voor twaalf.
Het museum is van donderdag tot en met zondag geopend.

Ik sta om zes uur op!

Basiswoorden: het dagelijks leven

1 Welk woord past bij welke tekening?

ontbijten ◎ naar school gaan ◎ zich aankleden
naar bed gaan / slapen ◎ douchen ◎ opstaan

2 Zet nu de activiteiten in de goede volgorde.

➔ *Eerst …* *Dan …* *Daarna …*

3 Welke andere werkwoorden horen er nog bij?

Werk samen met je buurman en schrijf op.

zich wassen boodschappen doen lunchen
voetballen/volleyballen/basketballen huiswerk maken …

Aandacht voor: over je dagindeling praten

4 Dialoog: Daar denk ik heel anders over. 15

Loes: Nou, ik sta iedere dag om zes uur op. Maar in de vakantie wil ik graag uitslapen!
Riet: Ben je gek?! Je kunt toch niet de hele dag in bed blijven liggen!
Loes: Jawel!
Riet: Juist in de vakantie kun je zo veel doen!
Loes: Ik heb altijd veel te doen.
Riet: Ja, maar ik bedoel leuke dingen doen.
Loes: Ja, lekker om een uur of tien opstaan, even douchen, aankleden en ontbijten – en daarna snel naar het strand. In de zon liggen en luieren. Dat vind ik heerlijk.

Riet: Nee hoor! Dat is niets voor mij! Wij gaan al om een uur of negen op stap: naar de stad, over de markt lopen, boodschappen doen of winkelen …
Loes: Hou maar op! Ik houd meer van lekker luieren. Dan ben ik's avonds ook niet zo moe.
Riet: Wat doe je dan's avonds?
Loes: Natuurlijk naar de disco gaan. Je weet toch wel dat ik zo graag ga dansen. Daarvoor nog even naar de Italiaan iets eten en dan is het al tijd voor de disco.
Riet: Nou, volgens mij kunnen wij beter niet samen op vakantie gaan!
Loes: Ja, zeg dat wel!

Let op!
ik sta op
ik kleed me aan

Les 5

5 Werken met de dialoog.

a) Loes en Riet zijn het niet met elkaar eens. Wat willen ze tijdens hun vakantie doen? Maak een lijst en schrijf op.

schrift

Loes	Riet
uitslapen	…
…	

b) Schrijf die uitdrukkingen uit de dialoog op die je gebruikt om iets positief of negatief te beoordelen. Maak een lijst.

positief beoordelen	negatief beoordelen
…	Ben je gek?!
…	

c) Welke uitdrukkingen in de dialoog betekenen ongeveer hetzelfde?

Ik vind van niet. · Daar ben ik het niet mee eens. · Dat vind ik wel. · Daar denk ik heel anders over.

Een stapje verder

6 Zo ziet mijn dag eruit. 16

Ruth

Nou, ik sta om half zeven op en ga dan douchen. Ik kleed me aan en maak het ontbijt klaar voor mijn man en de kinderen. Zelf drink ik alleen een kopje thee. Om acht uur ga ik naar kantoor. Ik begin om half negen. Om tien uur drink ik samen met mijn collega's koffie.
Meestal werk ik tot twaalf uur. Daarna ga ik naar huis, ik eet iets en dan begin ik aan het huishouden. De kinderen komen om een uur of drie naar huis. We eten altijd om kwart over zes. Na de afwas kijken we soms tv en we gaan ook wel eens uit. Ik ga meestal om een uur of elf naar bed.

Let op!
naar school/huis/Amsterdam
na de afwas/het huiswerk/de les

7 Waar of niet waar?

Formuleer drie goede of foute zinnen over Ruth en geef ze dan aan jouw partner. Kan hij/zij de fouten verbeteren?

Let op!
hij/zij staat op
hij/zij kleedt zich aan

Ruth staat om … op.
– Dat klopt/is waar. / Dat klopt niet/is niet waar.
Ze gaat meestal om … naar kantoor.
…

8 Zet deze woorden in de goede volgorde en schrijf op.

soms · vaak · af en toe · nooit · meestal · altijd

9 Luister. 17

Hoe laat doet Mieke dat meestal? Schrijf op.

1. staat op	6.45	6.	doet boodschappen	…
2. laat de hond uit	…	7.	drinkt koffie	…
3. ontbijt	…	8.	gaat naar jazzballet	…
4. gaat douchen	…	9.	maakt het avondeten	…
5. ruimt op	…	10.	gaat slapen	…

Mieke

Vertel nu hoe laat Mieke wat doet.

Mieke staat meestal om kwart voor zeven op.

10 En jij?

Vraag nu aan een andere leerling hoe zijn/haar dag eruit ziet.

Hoe laat sta je op?
– Ik sta meestal om … uur op.
En dan?

Extra: het ontbijt

11 Wat eten en drinken zij in het weekend?

de melk · de ham · de boter · de koffie · de yoghurt · de jam
het ei · de hagelslag · de suiker · de honing · het fruit · de thee
de ontbijtkoek · de pindakaas · de muesli · de boterham
de kaas · het sinaasappelsap · het broodje · de worst

12 Luister. 18

Wat eten en drinken Janneke en Tom door de week/in het weekend?
Maak een lijst en schrijf op.

	Toms ontbijt	Jannekes ontbijt
door de week		
in het weekend		

Door de week eet/drinkt Tom meestal …
Maar in het weekend eet hij …

13 En jij?

Wat eet/drink jij bij het ontbijt?
– Ik eet altijd/nooit … / Soms/af en toe/vaak/meestal eet ik …
En in het weekend?
– Dan eet ik …

14 Vraag je buurman/buurvrouw wat hij/zij allemaal eet en drinkt.

Anna eet meestal …, maar nooit …

Les 5

Koffie

Voor Nederlanders is koffie heel belangrijk. Als u bij een Nederlander op bezoek gaat, dan krijgt u vaak meteen een kopje koffie of thee. Dat betekent niet dat u snel weer weg moet, maar juist dat u van harte welkom bent.

U krijgt bij ieder kopje één koekje en daarna gaat de koektrommel dicht. Nederlanders vinden dat helemaal niet onhartelijk van zichzelf. Meestal krijgt u na uw eerste kopje nog een tweede kopje, ook weer met één koekje.

Als u geen koffie meer wilt, dan kunt u dat gewoon zeggen ('Nee, dank u, straks misschien').

Als Nederlanders iets met elkaar willen bespreken, zeggen ze bijvoorbeeld: 'Zullen we even een kopje koffie drinken?' Dat zeggen ze vaak ook als ze thee nemen.

uit Doe maar gewoon *door Hans Kaldenbach*

spieken	abgucken
de pauze	die Pause
de afspraak	die Verabredung
computeren	mit dem Computer arbeiten
telefoneren (ik telefoneer)	telefonieren (ich telefoniere)

11

de krant gelezen	Zeitung gelesen
de krant	die Zeitung
gekeken (kijken)	geguckt
ontmoet	getroffen, begegnet
ontmoeten* (ik ontmoet)	treffen, begegnen (ich treffe)

13

gisteravond	gestern Abend
de miss	die Miss
de koningin	die Königin
de prijs	der Preis
de loterij	die Lotterie
gewonnen	gewonnen
winnen* (ik win)	gewinnen (ich gewinne)
opeten* (ik eet op)	aufessen (ich esse auf)

14

bezocht	besucht
bezoeken* (ik bezoek)	besuchen (ich besuche)
het eindexamen	die Abschlussprüfung, das Abitur
oudst	(hier:) erste(r)
verhuisd	umgezogen
verhuizen (ik verhuis)	umziehen (ich ziehe um)
gekregen	bekommen
krijgen* (ik krijg)	bekommen (ich bekomme)
verbouwd	umgebaut
verbouwen (ik verbouw)	umbauen (ich baue um)

***Ander*land**

de verjaardagskalender	der Geburtstagskalender
hangen* (ik hang)	hängen (ich hänge)
de binnenkant	die Innenseite
de deur	die Tür
de kalender	der Kalender
de verjaardag	der Geburtstag
echt	echt, wirklich
worden* (ik word)	werden (ich werde)
gefeliciteerd	gratuliert
feliciteren (ik feliciteer)	gratulieren (ich gratuliere)
de jarige	das Geburtstagskind
het cadeau	das Geschenk
Hartelijk gefeliciteerd met je verjaardag!	HerzlichenGlückwunsch zu deinem Geburtstag!

Lektion 7

Welk nummer hoort bij welk beroep?	Welche Nummer passt zu welchem Beruf?
Wat denk je: hoe gaat het gesprek verder?	Was denkst du: wie geht das Gespräch weiter?
Waar werken de mensen van pagina 56?	Wo arbeiten die Menschen von Seite 56?
Wat wil jij worden?	Was willst du werden?
Wat doe jij graag?	Was machst du gerne?
Waar ben je goed in?	Was kannst du gut?
Werk nu samen met andere leerlingen die je goed kennen.	Arbeite nun mit anderen Schülern zusammen, die dich gut kennen.
Wat vinden ze van jou?	Was denken sie über dich?
Probeer nu beroepen te bedenken met behulp van deze lijst.	Stelle nun mit Hilfe dieser Liste mögliche Berufe zusammen.

Ü

Over werken gesproken.	Über die Arbeit.
het beroep	**der** Beruf

1

de (politie)agent(e)	der Polizist/die Polizistin
de groenteman	der Gemüsehändler
de tuinman	der Gärtner
de secretaresse	die Sekretärin
de kapper	der Friseur
de opticien	der Optiker
de orgelman	der Drehorgelspieler
de fietsenmaker	der Fahrradhändler

2

de assistent	der Mitarbeiter, der Assistent
de tekenaar	der Zeichner
de apotheker	der Apotheker
de apothekeres	die Apothekerin
de verkoper/verkoopster	der Verkäufer/ die Verkäuferin
de groepsleider/ de groepsleidster	der Gruppenleiter/ die Gruppenleiterin
de kapster	die Friseurin, die Friseuse
de verpleegster	die Krankenschwester
de boekhouder	der Buchhalter
de chauffeur	der Fahrer
de chauffeuse	die Fahrerin
de dominee	der Pastor
de domina	die Pastorin
de secretaris	der Sekretär
de monteur	der Mechaniker
de ambtenaar	der Beamte
werkloos	arbeitslos

4

bevallen* (het bevalt me)	gefallen (das gefällt mir)
jammer	leider, schade
meewerken	mitarbeiten

voor het eerst	zum ersten Mal
namelijk	nämlich
aan boord	an Bord
buiten	draußen
zeker	sicher, gewiss
daarom	darum
momenteel	momentan
5	
het gesprek	das Gespräch
hard	laut
Dan heb je je handen vol!	Dann hast du alle Hände voll zu tun!
later	später
groter	größer
6	
de fabriek	die Fabrik
de winkel	**das** Geschäft
het warenhuis	das Kaufhaus
het restaurant	das Restaurant
het bedrijf	**der** Betrieb, **die** Firma
7	
de supermarkt	der Supermarkt
8	
de dierenarts	der Tierarzt
de dierentuin	der Zoo, der Tiergarten
9	
de brief	der Brief
stofzuigen* (ik zuig stof)	Staub saugen (ich sauge Staub)
verkopen* (ik verkoop)	verkaufen (ich verkaufe)
raad geven* (ik geef raad)	jdn. beraten, einen Rat geben (ich berate)
het brood snijden*	das Brot schneiden
de file	der Stau
de huisman	der Hausmann
de buschauffeur	der Busfahrer
10	
schoonmaken (ik maak schoon)	sauber machen, putzen (ich putze)
koffiepauze hebben*	Kaffeepause haben
12	
de beroepskeuze	die Berufswahl
met behulp van	mit Hilfe von, mittels
met kinderen omgaan*	mit Kindern umgehen
de verpleger	der (Kranken-) Pfleger
omdat	weil
de opleiding	die Ausbildung
volgen	folgen, (hier:) machen
ziek	krank
***Ander*land**	
de beeldende kunstenaar	der bildende Künstler
de etser	der Radierer
het onderwerp	das Thema
etsen	radieren
het landschap	**die** Landschaft
de polder	der Polder, das Marschland
de rivier	der Fluss, der Strom
de boom	der Baum
het schip (Pl.: schepen)	das Schiff
kleinst	kleinst
het detail	die Einzelheit, das Detail
uitwerken	ausarbeiten
de compositie	die Zusammenstellung
het standpunt	**der** Standpunkt, **die** Ansicht
interessant	interessant
het beeld	bildhaft
typisch	typisch
opgegroeid (opgroeien)	aufwachsen
de bollenstreek	Bollenstreek (Landstrich, in dem Blumenzwiebeln gezüchtet werden.)
Zuid-Holland	Süd-Holland
begonnen (beginnen*)	begonnen (beginnen)
de cursus	der Kurs
de Vrije Academie	die Kunstakademie
de avondcursus	der Abendkurs
koninklijk	königlich
gevolgd (volgen)	belegt (belegen, besuchen)
zelfstandig	selbstständig
werkzaam	tätig
a/d Rijn	am Rhein
exposeren (ik exposeer)	ausstellen (ich stelle aus)
o.a. (onder andere)	u.a.
het deel	**der** Teil
de kunstmarkt	der Kunstmarkt
de wandeltocht	die Wanderung
het schetsboekje	das Skizzenbuch
het fototoestel	**der** Fotoapparat
de hand	die Hand
de wijze	die Art und Weise
verzamelen	sammeln
de gegevens (het gegeven)	die Informationen
zonovergoten	sonnenbeschienen
het zandpad	**der** Sandweg
de sloot	der Wassergraben
menen (ik meen)	meinen, denken (ich meine)
miniatuur	miniatur
de IJssel	die IJssel
het atelier	das Atelier
samenvoegen (ik voeg samen)	zusammenfügen (ich füge zusammen)
karakteristiek	charakteristisch
het element	das Element
de werkelijkheid	die Wirklichkeit

Wörterverzeichnis nach Lektionen

Lektion 8

Wat doe je in een café of in een snackbar/patatkraam?	Was macht man in einer Kneipe oder einem Imbiss/einer Pommesbude?
Soms zeg je het anders...	Manchmal sagt man es anders ...
Schrijf vijf vragen uit de dialogen op en stel ze aan een medeleerling of aan je lerares/leraar.	Schreib fünf Fragen aus den Dialogen auf und stelle einem Mitschüler oder deinem/r Lehrer/in.
Wat past erbij?	Was passt dazu?
Schrijf een dialoog en speel de scene.	Schreibt einen Dialog und spielt die Szene.
Wat hoort bij elkaar?	Was gehört zusammen?
Welke omschrijving past?	Welche Beschreibung passt?

Ü	
trek in	Appetit auf
de patat	die Pommes frites
1	
de snackbar	die Snackbar/der Imbiss
de patatkraam	die Pommesbude
het café	das Lokal, die Kneipe
het appelsap	der Apfelsaft
het glaasje fris (het glas)	das Erfrischungsgetränk
de uitsmijter	der stramme Max
de bitterbal	das Krokettenklößchen
de frikandel	eine Art Bratwurst
het gebak	das Gebäck, das Stück Kuchen
de spa	der Sprudel, das Mineralwasser
de soep	die Suppe
het ijsje	das Eis
de fooi	**das** Trinkgeld
de tosti	der Käse-Schinken-Toast
de frisdrank	das Erfrischungsgetränk
het cafeetje	das kleine Lokal
2	
bestellen (ik bestel)	bestellen (ich bestelle)
de gast	der Gast
3	
het eetcafé	das Esslokal
pas	erst, gerade
4	
langzamerhand	nach und nach, allmählich
ergens	irgendwo
dat hoeft voor mij niet	das muss für mich nicht sein
niet hoeven (ik hoef)	nicht brauchen/müssen (ich brauche)
op de hoek	an der Ecke
Zeg het maar.	hier: was soll es sein?
graag	(hier:) bitte
de mayonaise	die Majonäse
de pindasaus	die Erdnusssauce
middel	mittel, mittlere Größe
oké	okay
de portie	die Portion
de ketchup	der Ketschup
de curry (de kerrie)	der Curry
een broodje shoarma	ein Döner, Brötchen mit gegrilltem Lammfleisch
de kip	**das** Hähnchen, Hühnerfleisch
diverse	verschiedene
de snack	der Snack
de braadworst	die Bratwurst
de bal gehakt	die Frikadelle
de bamihap	die panierte Frikadelle aus Bami-goreng
de nasihap	die panierte Frikadelle aus Nasi-goreng
het blik	**die** Dose
de seven up	der Zitronensprudel
de cassis	der schwarze Johannisbeersaft
de milkshake	der Milchshake
vanille	vanille-
banaan	bananen-
chocolade	schokoladen-
frambozen	himbeer-
mango	mango-
5	
de zin	die Lust
het idee	**die** Idee
gezien (zien*)	gesehen (sehen)
de ober	der Ober/Kellner
Hebben jullie al iets gevonden?	Habt ihr schon etwas gefunden?
het appelgebak	das Apfelgebäck/der Apfelkuchen
de boterkoek	der Butterkuchen
het stukje	das Stück(chen)
erbij	dazu
afrekenen	bezahlen
Ik kom zo.	Ich komme sofort/gleich.
alsjeblieft	bitte
naar keuze	nach Wahl
een gekookt ei	ein gekochtes Ei
de tomatensoep	die Tomatensuppe
het basilicum	das Basilikum
de Chinese bamisoep	die chinesische Bamisuppe
de boerensoep	die Bauernsuppe
koud	kalt
de salade	der Salat
de geitenkaas	der Ziegenkäse
de avocado	der Avocado

de tartaar	das Tatar, Hacksteak
de rosbief	das Roastbeef
gekookte ham	gekochter Schinken
de paté	die Pastete
de taartpunt	das Stück Kuchen
een kijkje nemen*	einen Blick werfen
de vitrine	die Vitrine
de cappuccino	der Cappuccino
de koffie verkeerd	der Milchkaffee
de prik	die Kohlensäure
het tapbier	das Schankbier
het mineraalwater	das Mineralwasser
met of zonder prik	mit oder ohne Kohlensäure

6

bedanken	sich bedanken
gedag zeggen*	Auf Wiedersehen sagen
betalen (ik betaal)	bezahlen
een voorstel doen* (het voorstel)	einen Vorschlag machen

7

de bestelling	die Bestellung

8

zoet	süß
biljarten	Billard spielen
de dorst	der Durst
bitter	bitter
vet	(hier:) fettig
de vinger	der Finger
duur	teuer
de slagroom	die Schlagsahne
het zonnetje (de zon)	die Sonne
iets gebruiken	etwas zu sich nehmen
zwart	schwarz

9

was (zijn*)	war (sein)
smakelijk eten!/ eet smakelijk	guten Appetit!
smaken (het smaakt)	schmecken (es schmeckt)
de euro	der Euro
de keuze	die Wahl

10

de muur	die Mauer, Wand
halen (ik haal)	holen (ich hole)
de honger	der Hunger
de tafel	der Tisch
reserveren (ik reserveer)	reservieren (ich reserviere)

11

zullen*	(hier:) sollen

12

de scène	die Szene
één	ein(e)
het hapje	das Häppchen
het bord	**die** Tafel

13

het gezegde	**die** Redensart
elk	jede(r/s)
ouwe = oude	alt
de koek	der Kuchen
zuiver	rein
de orde	die Ordnung
geen verstand	keine Ahnung
verdacht	verdächtig
vertrouwen	vertrauen
bekend	bekannt

14

wezen (ugs.) = zijn	sein
de korrel	**das** Korn
de peer	die Birne
bakken* (ik bak)	backen (ich backe)
de mosterd	der Senf
de maaltijd	die Mahlzeit
van dienst zijn	hilfreich sein
letterlijk	buchstäblich
de consequentie	die Folge

***Ander*land**

de redacteur	der Redakteur
de jongeren	die Jugendlichen
wat warms	etwas Warmes
driekwart	dreiviertel
grijpen* naar	greifen nach
meermalen	mehrmals
vertrouwd	vertraut
de combinatie	die Kombination
kleurloos	farblos
de brei	der Brei
prakken (ik prak)	zerdrücken (ich zerdrücke)
het procent	das Prozent
de supermarktketen	die Supermarktketten
het onderzoeksinstituut	das Marktforschungs-institut NIPO
uitzoeken* (ik zoek uit)	aussuchen (ich suche aus)
de ouderen	die älteren Leute
blijken* (het blijkt)	sich herausstellen (es stellt sich heraus)
het tweepersoons-huishouden	**der** 2-Personen-Haus-halt
de pan	die Pfanne/der Topf
scheppen (ik schep)	schöpfen (ich schöpfe)
de ene dag	an einem Tag
langer	länger
terwijl	während
variëren (ik varieer)	variieren (ich variiere)
Italiaans	italienisch
de maaltijd	die Mahlzeit
de rijst	der Reis
bidden* (ik bid)	beten (ich bete)
het gezinshoofd	das Familienoberhaupr
de bloemkool	der Blumenkohl
de sperziebonen	die Brechbohnen

de andijvie	die Endivie
vanaf	ab
de sla	der (grüne) Salat
de spinazie	der Spinat
vast	fest
het tafelkleed	**die** Tischdecke
afwisselen (het wisselt af)	abwechseln (es wechselt ab)
Chinees-Indisch	chinesisch-indonesisch
een derde	ein Drittel

Lektion 9

Wat bedoelt hij?	Was meint er?
Schrijf over en zoek het tegenovergestelde.	Schreibe ab und suche das Gegenteil.
Naar welk(e) woord(en) in de dialoog verwijzen de onderstreepte woorden?	Auf welche Wörter aus dem Dialog verweisen die unterstrichenen Wörter?
Kijk naar het plaatje en schrijf op waar ze naartoe wil.	Schau dir die Abbildung an und schreibe auf, wo sie hin möchte.
Welke kleur heeft ...?	Welche Farbe hat ...?
Waar is de fiets?	Wo ist das Fahrrad?
Vraag alles over kleuren.	Frage alles über Farben.
Probeer zo veel mogelijk te weten te komen.	Versuche so viel wie möglich zu erfahren.

Ü

de plaatsbepaling	die Ortsbestimmung

1

het plein	**der** Platz
de telefooncel	die Telefonzelle
de bushalte	die Bushaltestelle
achter	hinter
het standbeeld	das Standbild, Denkmal
onder	unten, unter
de brug	die Brücke
het stadhuis	das Rathaus
de auto	**das** Auto
de gracht	die Gracht
tegenover	gegenüber
de kerk	die Kirche

2

de richtingaanduiding	die Richtungsbezeichnung
daar(naartoe)	dort(hin)
linksaf	nach links
rechtsaf	nach rechts
rechtdoor	geradeaus

3

ver	weit
boven	oben
beneden	unten
naartoe	hin

4

de passant	der Passant
doei	tschüss
bekend	(hier:) ortskundig
wachten	warten
toevallig	zufällig
de plattegrond	der Stadtplan
rechts	rechts
links	links
het station	**der** Bahnhof
de lijn	die Linie
vlak	direkt
het plezier	das Vergnügen

5

de jongere(n)	der(die) Jugendliche(n)
de volwassene(n)	der(die) Erwachsene(n)
aanspreken* (ik spreek aan)	ansprechen (ich spreche an)
verstaan* (ik versta)	verstehen (ich verstehe)
het afscheid	**der** Abschied

7

interessant	interessant
de bezienswaardigheid	die Sehenswürdigkeit
de tram	die Straßenbahn
de metro	die U-Bahn
makkelijk (od.: gemakkelijk)	leicht, einfach

8

de weg wijzen* (ik wijs)	den Weg beschreiben, zeigen (ich zeige)
dichtstbijzijnde	der/die/das nächste
aan uw/je linkerhand/ rechterhand	auf Ihrer/deiner linken/rechten Seite
aan de linkerkant/ rechterkant	auf der linken/rechten Seite
het hotel	das Hotel
de bank	die Bank
het huis	das Haus, Gebäude
verderop	weiter
alsmaar	immerzu
langs	entlang, vorbei
hoog	groß
de flat	**das** Hochhaus
het kruispunt	**die** Kreuzung
de tunnel	der Tunnel

9

de Korenmarkt	der Getreidemarkt
door	durch
de PTT	**das** Postamt

10

de inlichting	die Auskunft
markeren (ik markeer)	markieren (ich markiere)
het politiebureau	das Polizeirevier

11

de kleur	die Farbe
roze	rosa
groen	grün
grijs	grau

paars	lila
rood	rot
oranje	orange
lichtblauw	hellblau
donkerblauw	dunkelblau
geel	gelb
beige	beige
de glasbak	der Glascontainer
de politieauto	das Polizeiauto
de bestelbus	der Lieferwagen
de post	die Post
de oplossing	die Lösung
12	
de geldautomaat	der Geldautomat
de brommer	das Moped
het trottoir	der Bürgersteig
13	
mogelijk	möglich
de lievelingskleur	die Lieblingsfarbe

***Ander*land**

de kust	die Küste
breed	breit
het zandstrand	**der** Sandstrand
de winkelstraat	die Einkaufsstraße
de kunstgalerie(s)	die Kunstgalerie(n)
garant staan	garantieren
de sfeer	die Atmosphäre
actief	aktiv
uitwaaien* (ik waai uit)	frische Luft schnappen (ich schnappe frische Luft)
verrassend	überraschend
verrassen (ik verras)	überraschen (ich überrasche)
veelzijdig	vielseitig
fiks	tüchtig
de strandwandeling	der Strandspaziergang
het schelpje	**die** kleine Muschel
rapen (ik raap)	aufheben (ich hebe auf)
de pier	der Pier
puur	pur
het zwemplezier	das Badevergnügen
de golf	die Welle
waakzaam	wachsam
het reddersteam	das Rettungsteam, die Strandwacht
het oogje	das Auge
de kuststrook	der Küstenstreifen
rollen (ik rol)	rollen (ich rolle)
de regelmaat	die Regelmäßigkeit
de klok	die Uhr
de kusttram	die Küstenbahn
ommezien	im Handumdrehen
de kant	die Seite
de excursie	die Exkursion
wandelen	spazierengehen
de duin	die Düne
de fietstocht	die Radtour
vlak	flach
het Hinterland	das flämische Binnenland
het wafelhuis	das Waffelrestaurant
de kermis	die Kirmes
het optreden	das Auftreten
de musea	die Museen
culinair	kulinarische
cultureel	kulturell
de ontdekkingstocht	die Entdeckungsreise
hartelust	herzenslust
shoppen	einkaufen (gehen)
www.toerisme-vlaanderen.be	WWW-Adresse der flämischen Touristenvereinigung
www.holland.com	Internetadresse des niederländischen Fremdenverkehrsvereins
het internetplatvorm	das Internetforum
Toerisme Recreatie Nederland	niederländische Vereinigung für Tourismus und Erholung
ANVV	Verbund niederländischer Fremdenverkehrsvereine
de vereniging	der Verein
het evenement	die Veranstaltung, das Ereignis
het uitstapje	**der** Ausflug
vertegenwoordigen	vertreten, repräsentieren
gehele	ganze
de site	die (Internet-) Site
plaatselijke	örtliche
de dienst(en)	der Dienst (die Dienste)
het tabblad	Seite (im Internet) zum Aufblättern
de badplaats	der Badeort
struinen	umherwandern, streunen
de boulevard	die (Strand-) Promenade
actief	aktiv
uitgebreid	ausgiebig
inclusief	einschließlich, inklusive
schijnen*	scheinen
het plekje	Plätzchen/Fleckchen
neerstrijken* (ik strijk neer)	sich niederlassen (ich lasse mich nieder)
het handdoek	das Handtuch

Lektion 10

Schrijf een paar dingen op die je (niet) leuk vindt/ graag doet.	Schreibe ein paar Sachen auf die du (nicht) schön findest/gerne machst.

Wörterverzeichnis nach Lektionen

Schrijf vier zinnen op zoals in het voorbeeld en lees die dan aan de anderen voor.	Schreib vier Sätze auf sowie im Beispiel und lies sie dann den anderen vor
Waar of niet waar?	Wahr oder nicht wahr?
Maak vijf zinnen over het gesprek tussen Erik en Ria.	Schreibe fünf Sätze über das Gespräch zwischen Erik und Ria.
Je buurvrouw/buurman zegt of deze zinnen waar zijn of niet.	Dein(e) Nachbar(in) sagt, ob diese Sätze wahr sind oder nicht.
Schrijf de getallen van 1 tot en met 17 op en zet de letters op de goede plaats.	Schreib die Zahlen von 1 bis 17 auf und setze die richtigen Buchstaben ein.
Doe het nu zelf!	Mache es jetzt selber!
Bedenk een woord of naam en geef je partner steeds één letter van het woord.	Denke dir ein Wort oder einen Namen aus und gib deinem Partner immer nur einen Buchstaben.
Op welke datum valt..?	Auf welches Datum fällt ...?
En wanneer ben jij jarig?	Und wann hast du Geburtstag?
Ga in een rij staan. Begin met degene die in januari jarig is.	Bildet eine Reihe. Fangt mit derjenigen/demjenigen an, die/der im Januar Geburtstag hat.

Ü	
de vrijetijdsbesteding	die Freizeitbeschäftigung
1	
zwemmen* (ik zwem)	schwimmen (ich schwimme)
tennissen (ik tennis)	Tennis spielen (ich spiele Tennis)
hengelen	angeln
de televisie	Fernsehen
de muziek	Musik
leuk vinden*	gut, schön finden
iets graag doen*	etwas gern tun
2	
tuinieren	gärtnern
het theater	das Theater
het concert	das Konzert
3	
schaatsen	Schlittschuh laufen
een bioscoopje pikken (ik pik een bioskoopje)	ins Kino gehen (ich gehe ins Kino)
5	
de schoolreis	die Kurs-/ Klassenfahrt
innemen* (ik neem in)	einnehmen (ich nehme ein)
het vliegtuig	Flugzeug
Rome	Rom
moeilijk	schwierig
zonde van de tijd	schade um die Zeit
de nachttrein	der Nachtzug
Ik doe geen oog dicht!	Ich mache kein Auge zu!
bang zijn*	Angst haben
vliegen* (ik vlieg)	fliegen (ich fliege)
8	
motiveren (ik motiveer)	begründen (ich begründe)
de NS (Nederlandse Spoorwegen)	die niederländischen Eisenbahnen
de reiziger	der Reisende(r)
hoewel	obwohl
snel	schnell
milieuvriendelijk	umweltfreundlich
de parkeerplaats	der Parkplatz
de verbinding	die Verbindung
het spoorboekje	das Kursbuch
de natuur	die Natur, Landschaft
11	
het rangtelwoord	**die** Ordinalzahl, Ordnungszahl
13	
steeds	immer
16	
de datum	Datum
Sinterklaas	Sankt Nikolaus
vieren	feiern
de Koninginnedag	Geburtstag der Königin
de zomervakantie	Sommerferien
17	
jarig zijn*	Geburtstag haben
hoeveelst	wievielst
***Ander*land**	
de sport	der Sport
het voetbal	das Fußballspielen
de volkssport	Volkssport
leden (het lid)	Mitglieder (das Mitglied)
de voetbalbond	der Fußballbund
de organisatie	die Organisation
het gebied	das Gebiet
het tennis	Tennis
het volleybal	Volleyball
de paardensport	der Pferdesport
het wielrennen	das Radrennen, der Radsport
het woordje	das Wörtchen
überhaupt	überhaupt
beschikken over (ik beschik over)	verfügen über (ich verfüge über)
zoveel	so viel(e)
het fietspad	**der** Radweg
het principe	das Prinzip
gehele	ganze
verkennen (ik verken)	erkunden (ich erkunde)
wegen	Straßen
zgn.	sogenannt
de paddestoel	pilzförm. Wegweiser f. Fußgänger u. Radfahrer

het zuiltje	die kleine Säule
waarop	worauf
de fietsroute	die Fahrradroute
aangeven* (ik geef aan)	angeben (ich gebe an)
de fietser	der Radfahrer
de veiligheid	die Sicherheit
het verkeer	**der** Verkehr
deelnemen* (ik neem deel)	teilnehmen (ich nehme teil)
het vervoermiddel	das Transportmittel
gesport (sporten)	Sport treiben
de kustlijn	die Küstenlinie
volop	reichlich
de gelegenheid	die Gelegenheit
de watersport	der Wassersport
het surfen	das Surfen
het zeilen	das Segeln
het vissen	das Fischen, Angeln
beoefenen	ausüben, betreiben
landinwaarts	landeinwärts
de ringvaart	der Ringkanal
het meertje	der kleiner See
de zeilboot	**das** Segelboot
de kano	**das** Kanu
de motorboot	**das** Motorboot
de tocht	die Fahrt, Ausflug
schitterend	herrlich
het natuurgebied	die Naturlandschaft
de winter	der Winter
veranderen	verändern
het scenario	das Szenario

populair	populär
voldoende	genügend, ausreichend
het ijs	das Eis
de kast	der Schrank
bevroren (bevriezen*)	zugefroren
beroemdst	berühmtest
de Elfstedentocht	die Elfstädtetour in Friesland
Friesland	Friesland
werd (worden*)	wurde (werden)
uniek	einmalig
de gebeurtenis	der Vorfall, das Ereignis
voorkomen* (het komt voor)	sich ereignen, stattfinden (es ereignet sich)
want	denn
behoorlijk	gehörig, viel
vriezen* (het vriest)	frieren (es friert)
de kilometer	der Kilometer
het traject	**die** Strecke
genoeg	genug
de schaatser/schaatsster	der/die Eisläufer(in)
de toeschouwer	der Zuschauer
eenmalig	einmalig
algemeen	allgemein
de toeristenbond	der Touristenverband
wielrijdersbond	der Fahrradfahrer-verband
de automobiel	**das** Automobil
ontstaan*	entstehen

Alphabetisches Wörterverzeichnis

Die erste Zahl (**fett**) gibt die Nummer der Lektion an, die zweite Zahl bzw. Abkürzung den Lernschritt, in dem das Wort in der jeweiligen Bedeutung zum ersten Mal vorkommt.

A - Z

Alphabetisches Wörterverzeichnis

Alphabetisches Wörterverzeichnis

Alphabetisches Wörterverzeichnis

Alphabetisches Wörterverzeichnis

Alphabetisches Wörterverzeichnis

Grammatikausdrücke Deutsch / Niederländisch

deutsch		niederländisch		Beispiel
Adjektiv	Eigenschaftswort	het adjectief	het bijvoeglijke naamwoord	een ***nieuwe*** computer
Adverb	Umstandswort	het adverbium	het bijwoord	Hij woont ***hier***.
adverbiale Bestimmung	Umstandsbestimmung			Hij woont ***in de buurt***.
Akzent	Betonung	het accent	de klemtoon	maar ***één*** kind
Artikel	Geschlechtswort	het artikel	het lidwoord	***de*** man, ***het*** kind
bestimmt/ unbestimmt			bepaald/onbepaald	***de*** man/***een*** man
Deklination, Flektion	Beugung	de declinatie	de verbuiging	het klein***e*** kind
Diminutiv	Verkleinerungswort	het diminutief	het verkleinwoord	het ***kindje***
Genus	Geschlecht	het genus	het geslacht	
feminin	weiblich		vrouwelijk	de vrouw
maskulin	männlich		mannelijk	de man
neutral	sächlich		onzijdig	het kind
Imperativ	Befehlsform	de imperatief	de gebiedende wijs	Kom!
Infinitiv	Grundform	de infinitief	de onbepaalde wijs	komen
Inversion	Umstellung der Wortfolge	de inversie		Kom jij?
Kasus	Fall	de casus	de naamval	
Subjekt	Satzgegenstand	het subject	het onderwerp	***Ik*** zie hem.
Objekt	Satzergänzung	het object	het voorwerp	Ik zie ***hem***.
direkt		direct	lijdend	Ik geef ***het*** haar.
indirekt		indirect	meewerkend	Ik geef het ***haar***.
Komparativ	Steigerung	de comparatief	trappen van vergelijking	goed - beter - best
Konjunktion	Bindewort	de conjunctie	het voegwoord	en, maar, omdat, …
Konjunktiv	Möglichkeitsform	de conditionalis	de aanvoegende wijs	Ik ***zou zeggen***
Konsonant	Mitlaut	de consonant	de medeklinker	b, c, d
Negation	Verneinung	de negatie	de ontkenning	Ik kom ***niet***.
Numerus	Zahl	het numerale	het getal/telwoord	
Kardinalzahl	Grundzahl	het cardinale	het hoofdtelwoord	1, 2, 3
Ordinalzahl	Ordnungszahl	het ordinale	het rangtelwoord	1e, 2e, 3e
Orthographie	Rechtschreibung	de orthografie	de spelling	s-p-e-l-l-i-n-g
Partizip	Mittelwort	het participium	het deelwoord	
Partizip Präsens	Mittelwort der Gegenwart	het participium van het presens	het onvoltooid deelwoord	komende
Partizip Perfekt	Mittelwort der Vergangenheit	het participium van het perfectum	het voltooid deelwoord	gekomen
Passiv	Leideform	het passief	de lijdende vorm	wordt gedaan

Plural	Mehrzahl	de pluralis	het meervoud	de man - ***de mannen***
Präfix	Vorsilbe	het prefix	het voorvoegsel	ge-, ver-
Präposition	Verhältniswort	de prepositie	het voorzetsel	aan, met
Pronomen	Fürwort	het pronomen	het voornaamwoord	
Demonstrativ-	hinweisendes ~	het demonstratief ~	het aanwijzend ~	dit, dat
Personal-	persönliches ~	het personaal ~	het persoonlijk ~	ik, jij
	betont/unbetont		met/zonder nadruk	jji / je
Possessiv-	besitzanzeigendes ~	het possessief ~	het bezittelijk ~	***mijn*** boek
Reflexiv-	rückbezügliches ~	het reflexief ~	het wederkerend ~	Zij kleed ***zich*** aan.
Relativ-	bezügliches ~	het relatief ~	het betrekkelijk ~	De man ***die*** …
Interrogativ-	Fragewort	het interrogatief ~	het vragend ~	wie, wat, …
	Satz		de zin	Ik zie haar.
	Hauptsatz		de hoofdzin	***Ik weet*** dat ze een zus heeft.
	Nebensatz		de bijzin	Ik weet ***dat ze een zus heeft***.
Silbe	Silbe	de syllabe	de lettergreep	wo-nen
Singular	Einzahl	de singularis	het enkelvoud	***de man*** - de mannen
Substantiv	Hauptwort	het substantief	het zelfstandige naamwoord	man, boek
Suffix	Nachsilbe	het suffix	het achtervoegsel	*-ig, -lijk, -heid*
Superlativ	2. Steigerungsstufe	de superlatief		het beste
Tempus	Zeiten des Zeitworts	de tempus	de werkwoordstijden	
Präsens	Gegenwart	het presens	de (onvoltooid) tegenwoordige tijd	ik ***kom***
Imperfekt	Vergangenheit	het imperfectum	de (onvoltooid) verleden tijd	ik ***kwam***
Futur	Zukunft	het futurum	de (onvoltooid) tegenwoordige toekomende tijd	ik ***zal komen***
Futur II	Zukunft II	het futurum exactum	de voltooid tegenwoordige toekomende tijd	ik zal zijn gekomen
Perfekt	vollendete Gegenwart	het perfectum	de voltooid tegenwoordige tijd	ik ***ben gekomen***
Plusquamperfekt	vollendete Vergangenheit	plusquamperfectum	de voltooid verleden tijd	ik was gekomen
Verb	Zeitwort, Tätigkeitswort	het verbum	het werkwoord	komen
Hilfsverb	Hilfszeitwort	het hulpverbum	het hulpwerkwoord	hebben, zijn
modales ~	Art und Weise bezeichnendes ~	het modale ~	het modale hulpwerkwoord	kunnen, mogen, ...
reflexives ~	rückbezügliches ~	het reflexief ~	het wederkerend ~	zich aankleden
	schwaches/starkes ~		het zwakke/sterke ~	praten/komen
	trennbares/untrennbares ~		het scheidbare/onscheidbare ~	aankomen/beginnen
Vokal	Selbstlaut	de vocaal	de klinker	a, e, i, o, u, oe
Diphtong	Zwielaut	diftong	tweeklank	ei/ij, au/ou, ui

Quellenverzeichnis

Seite 12: Karte: EUREGIO Enschede (NL) / Gronau (D)
14: Foto: oben rechts: MHV-Archiv (Kurt Bangert)
19: Foto: 3: Tim F. Bangert
26: Foto: Tim F. Bangert
32: Texte: Libelle © VNU tijdschriften b. v., Haarlem
33: Cartoon: Toon van Driel, Amsterdam
35: Foto: NS, Utrecht
39: Realien: Artis, Amsterdam; Van Gogh Museum, Amsterdam; Reederij P. Kooij, Amsterdam
40: Foto: Angelika van der Kooi, Bad Bentheim
43: Foto: MHV-Archiv (Kurt Bangert)
46: Text: Hans Kaldenbach: Doe maar gewoon, 99 tips voor het omgaan met Nederlander © Prometheus, Amsterdam; Foto: S. van der Kooi, Diepenheim
48: A, C, D: SunArt, Berlin; B: Family Circle, North Matton
53: Fotos: 1 und 3: M. Wakkermans, Deventer; 2: Angelika van der Kooi, Bad Bentheim; 4: Josina Schneider-Broekmans, Mühltal; 5: aus: "Van Ganzeveer 1801 – 2001", 200jaar Openbaar Onderwijs in Kantens, S. 144 oben, Blue Mule, Juni 2001, Ten Boer
54: Text: Hans Kaldenbach: Doe maar gewoon, 99 tips voor het omgaan met Nederlander © Prometheus, Amsterdam
58: Foto: Susanne Probst, München
61: Fotos: MHV/MEV
62: Foto: Jan Griffoen, Zutphen; Text und Radierung: Wim van der Meij, Zutphen
69: Foto: Toerisme Vlaanderen, Brüssel
72: Text: © NCR Handelsblad, Rotterdam; Foto: Ketchum GmbH, München
80: Internetseite oben: © Toerisme Vlaanderen www.toerisme-vlaanderen.be (Fotos: Logo Toerisme Vlaanderen: Toerisme Vlaanderen; Paar am Strand: C. Potigny; Dünen De Panne: J. P. Meert); unten: © Netherlands Convention Bureau, www.holland.com (Fotos: NS Internationaal, Stichting Trekkers, Amsterdam ArenA, Smit/Imago Fotobureau, Fortunati)
83: Realie: NS, Utrecht
84: Fotos: MHV/MEV
85: Realie: NS, Utrecht

Seite 28, 36, 64 rechts, 65, 66: Fotos: Jan Balsma, Amersfoort
Seite 7 rechts unten, 8 (4.), 16 (4.), 67, 75 (A-F): Katharina Heuberger, München
Seite 14 links oben, links und rechts unten, 19 (1., 2. und 4.), 24, 44: Fotos: MHV-Archiv (Dieter Reichler)
Seite 64 links, 76, 87, 88: Fotos: NBT, Köln
Seite 7 links und rechts oben, links unten, 8 (1., 2. und 3.), 16 (1., 2., 3.): Fotos: Torsten Wasmuth, Kassel
Briefmarken: PTT Post Filatelie, Haarlem; De Post Filatelie, Brüssel

Karte Umschlaginnenseite: © Intermap b. v., Enschede

Wir haben uns bemüht, alle Inhaber von Bild- und Textrechten ausfindig zu machen. Sollten Rechteinhaber hier nicht aufgeführt sein, so wäre der Verlag für entsprechende Hinweise dankbar.

Samenvatting

Grammatica

scheidbare werkwoorden

Ik **sta op/kleed** me **aan.**
Hij / Ze/Zij **staat op/kleedt** zich **aan.**

reflexieve werkwoorden

Ik **was me/kleed me** aan.
Hij / Ze/Zij **wast zich/kleedt zich** aan.

het hulpwerkwoord *willen*

willen

ik	wil	we/wij	willen
je/jij	wil(t)	jullie	willen
	wil je?		
hij / ze/zij /het	wil	ze/zij	willen

u wilt

adverbia

Ik kijk **'s avonds nooit/soms/af en toe/vaak/meestal/altijd** tv.

er + prepositie

Hoe ziet haar dag **eruit**?

naar school/huis/Amsterdam gaan
na de afwas/het huiswerk/de les

Uitdrukkingen

positief beoordelen

Ik vind ... leuk/heerlijk/lekker.

Ik ga graag ...
Ik houd van ...

Daar ben ik het mee eens.

negatief beoordelen

Ik vind ... niet leuk.
Ik vind van niet.
Ik ga niet graag ...
Ik houd niet van ...
Dat is niets/niks voor mij.
Daar ben ik het niet mee eens.
Daar denk ik heel anders over.

Hoe ziet je/uw dag eruit?
Ik ga om een uur of elf naar bed.
Hou maar op!
Ben je gek?
Wat eet jij/ u door de week/in het weekend?

Wat heb je gisteren gedaan?

Basiswoorden: gezegd, gegaan, ...

1 Welke tekst hoort erbij?

A

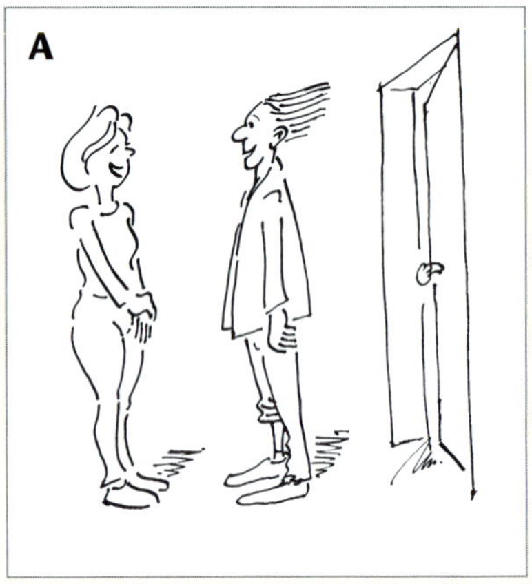

B

C

D

1. Je hebt toch 'zit' gezegd!
2. Hij heeft naar een Nederlandse specialiteit gevraagd. – Gekke toeristen!
3. Ben je met de fiets gekomen? – Ja, hoezo?
4. Hij is om acht uur, kwart over negen, tien uur en half elf naar bed gegaan.

2 Schrijf de infinitief en het perfectum van de werkwoorden uit de teksten op.

infinitief	perfectum
zeggen	je hebt gezegd

Aandacht voor: over vandaag en gisteren spreken

3 19

Heb je ook wel eens zo'n dag gehad?

1
Vandaag ben ik niet op tijd opgestaan,
Waarom ben ik ook zo laat naar bed gegaan?

2
Vlug mijn kleren aangetrokken.
Mam, waar zijn m'n sokken!

3
Ik heb niet op de tijd gelet.
Mijn hemel, ik wil terug naar m'n bed.

4
Nee, ik heb nog niets gegeten.
Ja, ik ben mijn schrift vergeten.

5
Toen een kwartier ernaar gezocht.
Waarom heb ik er nooit één als reserve gekocht?

6
Op het natte tuinpad uitgegleden.
Ach! De bus is net weggereden!

7
Dus heb ik toen maar de fiets genomen,
Maar ben toch tien minuten te laat gekomen.

8
Je wilt weten of dat alles is geweest?
Nee hoor, een lekke band, wat een feest!

9
Goed, zoiets is vlug gerepareerd,
Maar dat heb ik nooit perfect geleerd.

10
Een buurman heeft me toen een lift gegeven.
Ach, waarom ben ik niet gewoon in bed gebleven!

4 **Wat hoort bij elkaar?**

➔ *Tekening* A *hoort bij strofe ...*

Aandacht voor: over vandaag en gisteren spreken

5 Het perfectum.

Zoek in het gedicht de passende vormen van het perfectum en schrijf ze op.

opstaan	ik ben opgestaan	eten	___	uitglijden	___
gaan	___	vergeten	___	wegrijden	___
zijn	___	aantrekken	___	zoeken	___
nemen	___	kopen	___	komen	___
geven	___	blijven	___	hebben	___

6 Zoek in het gedicht.

Er zijn nog drie werkwoorden in het gedicht in het perfectum.
Kun je die vinden? Schrijf de infinitief en het perfectum op.

- Welk verschil bestaat er tussen de twee groepen (# 5 en # 6)?
- Welk werkwoord heeft een ander hulpwerkwoord dan in het Duits?

Volgende woorden kun je gebruiken om iets in het perfectum uit te drukken:

gisteren
eergisteren
het afgelopen weekend
twee weken geleden
vorige week/vorig jaar

7 Zet de zinnen in het perfectum en gebruik een adverbium.

Jan staat te laat op.
Hij gaat laat naar bed.
Hij trekt zijn kleren vlug aan.
Hij let niet op de tijd.

Hij eet niets.
Hij vergeet zijn schrift.
Hij repareert zijn fiets.
Een buurman geeft hem een lift.

8 Welke andere (werk-)woorden vind je nog belangrijk?

Een stapje verder

9 Luister. 20

a) Wat heeft Tineke niet verteld?

MAANDAG	12 mei
09.00	het huis opruimen
10.00	boodschappen doen
11.00	
12.00	lunchen met de kinderen
13.00	
14.00	uurtje slapen
15.00	
16.00	naar de speeltuin met Tonnie
17.00	
18.00	eten koken
19.00	Janneke opbellen!
20.00	naar de bioscoop met Hans

b) Vertel nu wat Tineke allemaal heeft gedaan. *Om negen uur heeft ze het huis opgeruimd.* …

Les 6

10 En Daan?

Schrijf op wat Daan gisteren allemaal gedaan heeft.

gisteren	
7.00	opstaan + ontbijten
8.00	naar school fietsen
9.00	Engels leren
10.00	vervelen bij Duits
11.00	spieken bij wiskunde
13.00	in de pauze afspraak met Colette
16.00	naar huis fietsen
17.00	Colette in de stad zien
18.00	eten
19.00	tv kijken
20.00	computeren
21.00	telefoneren met Rick
22.00	naar bed gaan

Een stapje verder

11 Wat heb je gedaan?

a) Schrijf eerst op wat je zelf gedaan hebt. Vraag dan een medeleerling.

Ben je vandaag/in het weekend …	ik	medeleerling
op tijd opgestaan?		
met vrienden op stap geweest?		
iets vergeten?		
naar de les gefietst?		

Heb je gisteren…	ik	medeleerling
de krant gelezen?		
tv gekeken?		
iets gekocht?		
iemand ontmoet?		

Ben je vandaag op tijd opgestaan?
– Ja, ik ben om … opgestaan. /
– Nee, ik …

12 Vertel het aan de klas.

Ik ben vandaag op tijd opgestaan maar Leonie niet.

13 Wie verzint het beste smoesje?

Waarom ben je gisteren niet naar de les gekomen? Waarom heb je je huiswerk niet gemaakt?

Extra: ik vertel over mijn leven

14 Welke foto hoort bij welke zin?

2

1

Ik ben geboren in 1960.
Van 1966 tot 1979 heb ik verschillende scholen bezocht.
In 1979 heb ik mijn eindexamen gedaan.
Mijn man heb ik in 1980 ontmoet.
Wij zijn getrouwd in1982.
Onze oudste zoon is in 1983 geboren.
We zijn in 1984 naar een klein dorp verhuisd.
Onze tweede zoon is in 1986 geboren.
Tot 1989 ben ik thuis bij de kinderen gebleven.
In 1989 heb ik een nieuwe baan gekregen.
Wij hebben in 1998 ons huis verbouwd.
En in 2007 zijn we 25 jaar getrouwd!

3

Les 6

5

4

15 En je moeder/vader?

Vraag je moeder/vader en schrijf op.

De verjaardagskalender

Veel Nederlanders hebben een verjaardagskalender in hun huis. Meestal hangt die aan de binnenkant van de wc-deur. Op die kalender staan de verjaardagen van familie en vrienden. U hoort er echt bij als u op deze kalender staat.

Als er een verjaardag is, dan wordt het hele gezin gefeliciteerd met de verjaardag van zoon of dochter, dus niet alleen de jarige. Alleen de jarige krijgt een cadeau.

uit Doe maar gewoon
door Hans Kaldenbach

Samenvatting

Grammatica

perfectum

met hebben

ik	heb	
je/jij	hebt	
hij / ze/zij het	heeft	
u	heeft/hebt	gehad / geslapen / ontmoet
we/wij jullie ze/zij	hebben	

met zijn

ik	ben	
je/jij	bent	
hij / ze/zij het	is	
u	bent	geweest / opgestaan
we/wij jullie ze/zij	zijn	

Let op!

ik heb | gekocht
gezocht
ontmoet
gerepareerd

Les 6

adverbia

gisteren
eergisteren
het afgelopen weekend
twee weken geleden
vorige week/vorig jaar

Uitdrukkingen

Ik ben iets vergeten.
Ik heb iemand ontmoet.

Ik ben bij ... op de koffie geweest.

Ik ben in 19... geboren.
Ik heb mijn examen in ... gedaan.
Mijn man/vrouw heb ik in ... ontmoet.

Over werken gesproken

Basiswoorden: beroepen

1 Welk nummer hoort bij welk beroep? Schrijf op.

de dokter	de lerares	de opticien
de politieagent	de groenteman	de dominee
de tuinman	de secretaresse	de orgelman
de kapper	de verkoopster	de fietsenmaker

Nummer drie is de dokter.

Basiswoorden: beroepen

2 Schrijf de lijst over en vul de ontbrekende beroepen aan.

Hij is ...	Zij is ...
(politie)agent	(politie)agente
assistent	...
...	docente
leraar	lerares
tekenaar	...
apotheker	apothekeres
verkoper	verkoopster
groepsleider	...
kapper	kapster
...	verpleegster
boekhouder	...
chauffeur	chauffeuse
dominee	domina
(secretaris)	secretaresse
groenteboer	(groenteboer)
monteur	monteur
opticien	...
...	dokter/arts
bakker	...
...	ambtenaar

Of: Hij/Zij is werkloos / zonder werk.

Les 7

3 Luister.  21

Wat zijn hun beroepen? Schrijf op.

1. Hij is ...
2. Zij is ...
3. Hij is ...
4. Zij is ...
5. Hij is ...
6. Zij is ...
7. Hij is ...
8. Zij is ...
9. Hij is ...

Aandacht voor: over je werk praten

4 Dialoog: Op een feestje. 22

Ruud: Dit zijn Annette en Heinz, vrienden van mij uit Duitsland.
Marijke: O, wat leuk. Waar komen jullie vandaan?
Annette: Uit Frankfurt.
Marijke: Zijn jullie voor het eerst in Nederland?
Heinz: Nee hoor. Ik ben vaak op Schiphol.
Ruud: Heinz werkt namelijk bij de KLM.
Marijke: O ja? Werk je aan boord?
Heinz: Nee, ik werk meestal buiten, ik ben monteur.
Marijke: En bevalt het jullie hier in Nederland?
Annette: Ja hoor. Alleen jammer dat het weer niet zo meewerkt!
Marijke: Ik heb net het nieuws gehoord en morgen wordt het beter.
Annette: Goed, we blijven optimistisch!
Marijke: En jij Annette, je bent zeker ook niet voor de eerste keer in Nederland?
Annette: Nee, ik kom uit Aken. Ik ken Nederland allang.
Marijke: Daarom spreek je zo goed Nederlands!
Annette: Nou, dat valt wel mee.
Marijke: En wat voor werk doe jij? Ben je ook bij de KLM?
Annette: Nee, ik ben verpleegster, maar we hebben twee kleine kinderen. Dus momenteel ben ik huisvrouw!
...

5 Wat denk je: hoe gaat het gesprek verder?

a) Marijke: Nou, dan kun je de hele dag doen wat je wilt!
Annette: Ja, maar zeg het niet te hard. Mijn man denkt, dat ik veel te doen heb!

b) Marijke: Dan heb je je handen vol!
Annette: Ja, zeg dat wel!

c) Marijke: Wil je later als de kinderen groter zijn weer gaan werken?
Annette: Ja, over een jaar of twee zoek ik een parttime baan.

Een stapje verder

6 Waar werken de mensen van pagina 56? Vertel.

op kantoor · op school · in een ziekenhuis · buiten · in een fabriek · in een winkel/warenhuis · in een restaurant · thuis · bij een bedrijf

De dokter werkt in het ziekenhuis. De politieagente werkt …

7 Vraag een medeleerling naar de ontbrekende informatie.

Leerling A: Je werkt op deze pagina.
Leerling B: Je werkt op pagina 90.
Leerling A: Je ziet hier een lijst met zes personen. Maar er ontbreken een paar informaties. Neem de lijst over in je schrift, vraag jouw partner naar de informaties en schrijf ze op.

	beroep	waar	hoe lang?
Jan-Willem			7 jaar
Mariska		in een supermarkt	
mevrouw De Wit	verpleegster	in een ziekenhuis	
Hendrik	leraar	werkloos	
meneer Heeskens	opticien		17 jaar
Rieke			3 jaar
de ouders van jouw partner			

Wat voor werk doet Jan-Willem?
– Hij is …

En waar werkt hij?
– …

Hoe lang werkt hij daar?
– Hij werkt daar nu (al) … jaar. / Sinds 2002.

8 Vertel het nu aan de klas wat de ouders van jouw partner doen.

Yannicks vader is dierenarts. Hij werkt al sinds 17 jaar in een dierentuin. Yannicks moeder is huisvrouw.

Een stapje verder

9 Wie doet wat? Vertel.

een huisman | een buschauffeuse | een politieagent | een secretaresse | een dominee

spreekt met mensen · vindt mijn fiets · telefoneert · schrijft/beantwoordt brieven · leest · stofzuigt · verkoopt kaartjes · geeft raad · kookt · doet boodschappen · rijdt · snijdt brood · zet koffie · doet het huishouden · staat in de file · helpt met huiswerk

10 Luister. 23

Een secretaresse vertelt aan een nieuwe collega wat ze allemaal doet. Schrijf het op.

schrijft brieven	maakt schoon	doet boodschappen
heeft koffiepauze	telefoneert	geeft raad
spreekt met mensen	leest	staat in de file

11 En je ouders?

a) Wat doen je ouders op hun werk? Schrijf op.

Mijn moeder is secretaresse. Zij …

b) Vraag aan een andere leerling wat zijn/ haar ouders op hun werk doen. Schrijf op.

Wat doen jouw ouders allemaal op hun werk?
– Mijn moeder spreekt met mensen, beantwoordt brieven en …

c) Vertel nu wat de ouders van jouw partner allemaal op hun werk doen.

Zijn/ Haar/ Martins vader kookt, maakt schoon en doet de boodschappen.

Extra: beroepskeuze

12 Wat wil jij worden?

a) Wat doe jij graag? Waar ben je goed in?
Maak een lijst en schrijf op.

dat doe ik graag	daar ben ik goed in

b) Werk nu samen met andere leerlingen die je goed kennen.
Wat vinden ze van jou? Maak een lijst en schrijf op.

Daar is hij/ zij goed in	Dat kan hij/ zij niet zo goed

Let op!
omdat + bijzin

c) Probeer beroepen te bedenken met behulp van deze lijst.

Ik vind dat je een opleiding als verpleger kunt volgen omdat je graag zieke mensen helpt.

13 Vertel het nu aan de klas.

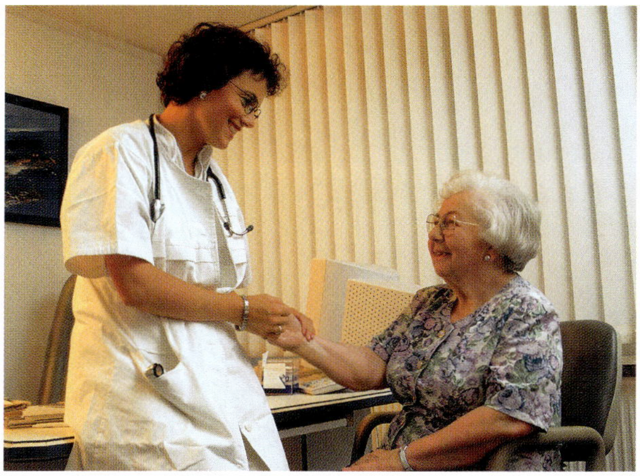

*Ander*land

Wim van der Meij

Wim van der Meij (1949) is beeldend kunstenaar, om precies te zijn: etser.
Het onderwerp van bijna al zijn etsen is het Nederlandse landschap met zijn polders, steden, rivieren, bomen en schepen.
Zijn etsen zijn tot in de kleinste details uitgewerkt en geven door compositie en standpunt een interessant beeld van de typische landschappen.
Wim van der Meij is geboren en opgegroeid in de Bollenstreek (Zuid-Holland). Hij is in 1977 met zijn opleiding begonnen en heeft cursussen aan de Vrije Academie en een avondcursus aan de Koninklijke Academie in Den Haag gevolgd, waar hij in 1983 eindexamen heeft gedaan. Sinds 1986 is hij als zelfstandig etser werkzaam, eerst in Alphen a/d Rijn, en daarna in Zutphen. Wim van der Meij heeft geëxposeerd in o.a. Den Haag, Amsterdam, Haarlem en Alkmaar en neemt deel aan belangrijke kunstmarkten.

Tijdens fiets- en wandeltochten heb ik altijd een schetsboekje of een fototoestel bij de hand: op deze wijze verzamel ik „gegevens“ voor mijn etsen – een schaduw, een zonovergoten zandpad of een sloot die meent dat hij een miniatuur IJssel is. In het atelier voeg ik de karakteristieke elementen samen tot een compositie die ik interessant vind. De meeste landschappen die ik op deze manier maak, bestaan dus niet in werkelijkheid.

Samenvatting

Grammatica

beroepen

mannelijk	vrouwelijk
de agent	de agente
de leraar	de lerares
de apotheker	de apothekeres
de verkoper	de verkoopster
de chauffeur	de chauffeuse
(de secretaris)	de secretaresse
de groenteboer	(de groenteboer)

Hij werkt daar **al** zeven jaar.

»al«

Omdat

Ik wil leraar worden **omdat** ik goed met kinderen kan omgaan.
Hij wil niet bakker worden **omdat** hij niet van vroeg opstaan houdt.

Les 7

Uitdrukkingen

En bevalt het jullie hier in Nederland?
Jammer dat het weer niet zo meewerkt!
Zijn jullie voor het eerst in Nederland?
Ik ken Nederland allang.
Dat valt wel mee.
Dan heb je je handen vol! – Ja, zeg dat wel!
Over een jaar ...
Wat doen jouw ouders op hun werk?
Mijn vader/moeder werkt bij een bedrijf/op school/op kantoor/
in een fabriek/in een winkel.

Ik heb trek in patat!

Basiswoorden: eten en drinken

1 Wat doe je in een café of in een snackbar/patatkraam?

A-Z

het appelsap · het glaasje fris · de uitsmijter · de bitterballen · de frikandel · het gebak · de cola · de spa · de koffie · de soep · het ijsje · de patat · de fooi · de tosti · de thee · de frisdrank

de frisdrank het glas	het frisdrank**je** het glaas**je**	+ je
de cola het café	het colaa**tje** het cafee**tje**	+ tje

Vraag aan een medeleerling:

➔ *Wat doe je in een patatkraam/in een café?*
– In een patatkraam eet ik/drink ik ...
– In een café eet ik/drink ik ...

Basiswoorden: eten en drinken

2 Luister. 24

Maak een lijst en kruis aan of de mensen op het terras iets te eten of te drinken bestellen.

	gast 1	gast 2	gast 3	gast 4	gast 5
iets eten					
niets eten					
iets drinken					
niets drinken					

Schrijf op wat ze doen.

Gast één ...

3 En jij?

Heb je wel eens in Nederland of België gegeten? Vraag het aan een medeleerling.

Heb je wel eens in Nederland of in België gegeten?
– Ja, maar pas één keer. / Ja hoor, vaak. / Nee, nog nooit.

Wat heb je gegeten? Weet je dat nog?
– Ik heb … gegeten.
En wat heb je gedronken?
– Ik heb … gedronken.

Aandacht voor: iets bestellen

4 Dialoog: Bij een patatkraam. 25

Mariska: Ik krijg langzamerhand trek.
Martijn: Zullen we ergens gaan zitten?
Mariska: Nou, dat hoeft voor mij niet.
Ik heb trek in patat.
Martijn: Ik ook wel. Kijk eens, daar op de hoek
is een patatkraam.
...
verkoper: Zeg het maar.
Martijn: Twee patat graag, één met mayonaise
en één met pindasaus.
verkoper: Groot, middel of klein?
Martijn: Wat wil jij, Mariska?
Mariska: O, dat maakt niet uit; doe maar middel.
Martijn: Oké, één middel dan met mayonaise en
voor mij een grote portie met pindasaus.
verkoper: Anders nog iets?
Martijn: Nee, verder niets.
verkoper: Dat is dan € 3,20.
Martijn: Alstublieft.
verkoper: Vijf en vijf is tien – en bedankt hoor!
Martijn: Dag!

Patat	**klein**	**middel**	**groot**
Zonder	1.00	1.25	1.60
Mayonaise, ketchup, curry	0.10		
Pindasaus	0.25		
Shoarma			
Broodje shoarma	3.50		
Broodje shoarma + kaas	3.75		
Broodje kip	4.00		
Diverse uitsmijters	3.20		
Snacks			
Frikandel	1.75		
Braadworst	1.60		
Bal gehakt	1.60		
Bamihap, nasihap	1.25		
Diverse frisdranken			
blik cola, seven up, appelsap, cassis	1.00		
Koffie	1.00		
Thee	1.00		
Melk	0.90		
Milkshakes	**klein**	**middel**	**groot**
vanille, banaan, chocolade frambozen, mango	1.50	2.00	2.50

Aandacht voor: iets bestellen

Dialoog: In een café. 26

Pieter:	Heb je ook zin in een kopje koffie?
Ellen:	O ja, goed idee.
Pieter:	Om de hoek heb ik een gezellig café gezien.
Ellen:	Ja, dat ken ik. Daar ben ik vorige week nog geweest.
	…
ober:	Hallo, hebben jullie al iets gevonden?
Ellen:	Ja, twee kopjes koffie graag.
Pieter:	Wat heeft u voor gebak?
ober:	Vandaag hebben we appelgebak en boterkoek.
Pieter:	Geeft u mij maar een stukje appelgebak – en een spa, alstublieft.
ober:	Jij ook nog iets erbij?
Ellen:	Ik neem ook appelgebak.
	…
Pieter:	Kunnen we afrekenen?
ober:	Ja, ik kom zo.
	…
ober:	Zo, twee appelgebak en twee koffie: dat wordt dan zes vijftig bij elkaar, alsjeblieft.
Pieter:	En mijn spa nog!
ober:	O ja, die ben ik vergeten. Dat wordt dan zeven vijfenzeventig, alsjeblieft.
Pieter:	Alstublieft. Doet u maar acht.
ober:	Dank je wel en een prettige dag nog!
Pieter:	Dank u wel. Tot ziens!

Les 8

ONTBIJT 12,00
9.00 uur - 11.00 uur

thee of koffie naar keuze
- brood, broodjes
- gekookt ei
- ham, worst, kaas
- verschillende soorten jam

SOEPEN	
tomatensoep met basilicum	2,75
Chinese bamisoep	4,75
boerensoep	2,75

KOUD	
salade met geitenkaas	5,50
salade met avocado	4,25

BROODJES	
tartaar	2,50
rosbief	2,75
oude kaas	2,50
gekookte ham	2,50
paté	2,75

GEBAK	
taartpunten	vanaf 2,00

U kunt ook een kijkje nemen in de gebakvitrine!

KOFFIE/THEE	
koffie	1,25
cappuccino	1,75
koffie verkeerd	1,50
thee	1,25

TAPBIER	
Heineken pils	1,50
De Koninck	2,00

FRISDRANKEN	
mineraalwater met of zonder prik	1,25
appelsap, sinaasappelsap	1,50
cola, seven up, cassis	1,25

Aandacht voor: iets bestellen

6 Zet de volgende zinnen in de goede volgorde.

Begin met: Twee mensen lopen op straat.

Het meisje is het ermee eens.
Ze bedanken en zeggen gedag.
Ze bestellen iets te eten/drinken.
Ze willen betalen.
Ze gaan iets eten/drinken.
De jongen doet een voorstel.
De verkoper/ober vraagt of ze nog iets willen.

7 Soms zeg je het anders ...

Schrijf 5 vragen uit de dialogen op en stel ze aan een medeleerling of aan je lerares / leraar.

8 Wat past erbij?

koffie · snackbar · café · terras · ijsje · colaatje · gebak · uitsmijter

1. koud	zomer	zoet
2. biljarten	vrienden ontmoeten	colaatje drinken
3. dorst	bitter	glas
4. vlug iets eten	vette vingers	niet zo duur
5. zoet	fruit	slagroom
6. mensen zien	in het zonnetje zitten	iets gebruiken
7. drinken	zwart	koffie
8. brood	gebakken ei	ham

Een stapje verder

Wie zegt wat?

Doet u maar (voor mij) ...

Dat was het?

Ik wil graag afrekenen.

Elf euro vijftig bij elkaar.

Wilt u nog iets drinken?

Ik neem ...

Heb je iets gevonden?

Anders nog iets?

De rest is voor u.

Wilt u nog iets na?

Voor mij graag ...

Alstublieft.

Hebt u een keuze gemaakt?

Ik kom zo bij u.

Geeft u mij maar...

Heeft het gesmaakt?

Smakelijk eten!

Dank u wel.

Laat maar zitten.

Eet smakelijk.

Les 8

Maak een lijst en schrijf op:
Wat zegt de gast? Wat zegt de ober?

schrift

Een stapje verder: een voorstel doen

10 Wat hoort bij elkaar?

Schrijf het op.

Ik ben moe	Zal ik dan maar een voorstel doen?
Ik heb nog maar vijf euro.	Zullen we ergens gaan eten?
Er is daar bijna nooit plaats.	Zal ik dan wat uit de muur halen?
Ik heb trek in Italiaans.	Zal ik iets bij „Carlo" gaan halen?
Ik heb honger.	Zullen we ergens gaan zitten?
Ik weet niet wat ik wil.	Zullen we naar een café gaan?
Ik heb zin in een colaatje.	Zal ik opbellen en proberen een tafel te reserveren?
…	…

11 Zoek in de dialoog …

Met 'zal/zullen' kan je een voorstel doen.
Hoe ook nog? Zoek in de dialogen op pagina 66 en 67.

12 Schrijf een dialoog en speel de scène.

Een leerling is de ober, twee andere leerlingen zijn de gasten. Ze willen iets eten en drinken. Gebruik het bord op pagina 66 of de kaart op pagina 67. Smakelijk eten!

Extra: Nederlandse gezegden

gezegde (het ~, -n of -s) 1 vaste manier om iets te zeggen • dat loopt in de soep = dat gaat mis

13 Wat hoort bij elkaar?

a) **Kies bij elk gezegde het juiste plaatje.**
Dat is ouwe koek
Dat is geen zuivere koffie
Je de kaas niet van het brood laten eten
Het is weer koek en ei
Ergens geen kaas van gegeten hebben

b) **Kies nu de juiste omschrijving.**
Dat is verdacht, niet te vertrouwen
Met hen is nu alles in orde
Hij heeft er geen verstand van
Dat is allang bekend
Je moet je niet laten afnemen wat je toekomt

c) **Gebruik ieder gezegde in een lange zin.**
Schrijf ze op en vergelijk ze dan met een medeleerling.

14 Welke omschrijving past?

gezegde	omschrijving
1. Dat zal me worst wezen	Iets voor heel weinig geld krijgen
2. Iets met een korreltje zout nemen	Dat komt te laat om nog van dienst te zijn
3. Appels met peren vergelijken	Voor iets de consequenties moeten dragen
4. Een appeltje met iemand te schillen hebben	Dat interesseert me helemaal niet
5. Met de gebakken peren zitten	Iets niet al te letterlijk nemen
6. Dat is mosterd na de maaltijd	Dingen vergelijken die niet te vergelijken zijn
7. Iets voor een appel en een ei kopen	Iemand nog over iets onaangenaams moeten spreken

‘Warm eten is zonde van de tijd’

Door een onzer redacteuren

De helft van de Nederlandse jongeren vindt warm eten zonde van de tijd. Ze hebben liever brood.

Als er wat warms op tafel komt, is dat meestal aardappels, vlees en groenten. Driekwart van de Nederlanders grijpt meermalen per week naar die vertrouwde combinatie. Meestal eindigt het ‘bruin, groen en geel’ in een kleurloze brei, want van alle Nederlanders prakt 57 procent zijn eten en 18 procent doet dat iedere dag.

Supermarktketen Albert Heijn heeft door het onderzoeksinstituut NIPO laten uitzoeken hoe de Nederlanders eten. Vooral het verschil tussen de jongeren (tot en met 34 jaar) en de ouderen (boven de 55 jaar) is opvallend groot, zo blijkt uit de resultaten van het onderzoek.

De jongeren, meestal één- en tweepersoonshuishoudens, koken een kwartier tot een half uur. Is het eten klaar, dan wordt het in de keuken zo uit de pan op het bord geschept. De ene dag eten ze warm om vijf uur, een dag later om half acht. Het eten duurt niet langer dan twintig minuten, terwijl ze daarbij vaak voor de televisie zitten. Ze variëren het traditionele menu regelmatig met pasta (vooral Italiaanse maaltijden) en rijst. Bij het eten drinken ze frisdrank.

Elf procent van de jongeren bidt voor het eten.

Ouderen, ook meestal één- en tweepersoonshuishoudens, besteden een half uur tot drie kwartier aan de bereiding van de maaltijd. De favoriete groenten bij gezinshoofden zijn bloemkool, sperziebonen en andijvie. Bij kinderen vanaf twaalf jaar zijn dat sla, spinazie en bloemkool.

Bij ouderen ligt het vaste tijdstip voor de warme maaltijd tussen half zes en zes, maar een kwart eet nog altijd tussen de middag warm. Op tafel liggen een tafelkleed en servetten. Als ouderen het menu afwisselen, is dat meestal door Chinees-Indisch te eten. Een derde bidt voor het eten.

Samenvatting

Grammatica

diminutieven

het glas	het glaasje	+ **je**
	het kopje	
	het boekje	
het café	het cafeetje	+ **tje**
de fooi	het fooitje	
	het stoeltje	
	het tafeltje	

het modale hulpwerkwoord

zullen

ik	zal
je/jij	zal/zult
	zal je/zul je?
u	zal/zult
hij/ze/zij/het	zal
wc/wij jullie ze/zij	zullen

Zullen we ergens **gaan zitten**?

Wil je nog **iets**? Nee, ik wil **niets**.

prakken

Uitdrukkingen

Zullen we ergens gaan zitten?
Ik heb trek in patat.
Twee patat, graag.
Dat maakt niet uit.
Doet u/Doe maar (voor mij) ...
Eén patat met, alstublieft.
Kunnen we afrekenen?
Doet u maar (acht).
Smakelijk eten.
Ze is het ermee eens.

Bedankt/Dank je wel.	Dank u wel.
Alsjeblieft.	Alstublieft.

Pardon, weet u misschien waar...?

Basiswoorden: plaatsbepalingen

1 Waar staat de toerist(e)? Schrijf op.

op het plein ◎ in de telefooncel ◎ bij de bushalte ◎ voor de VVV
achter het standbeeld ◎ onder de brug ◎ naast het stadhuis ◎ tussen de auto's
aan de gracht ◎ tegenover de kerk

1. Hij staat in de telefooncel. 2. Zij zit ...

3. ...

Basiswoorden: richtingaanduiding

2 Wat bedoelt zij?

daar (naartoe) ◎ links(af) ◎ rechts(af) ◎ rechtdoor ◎ over ◎ terug

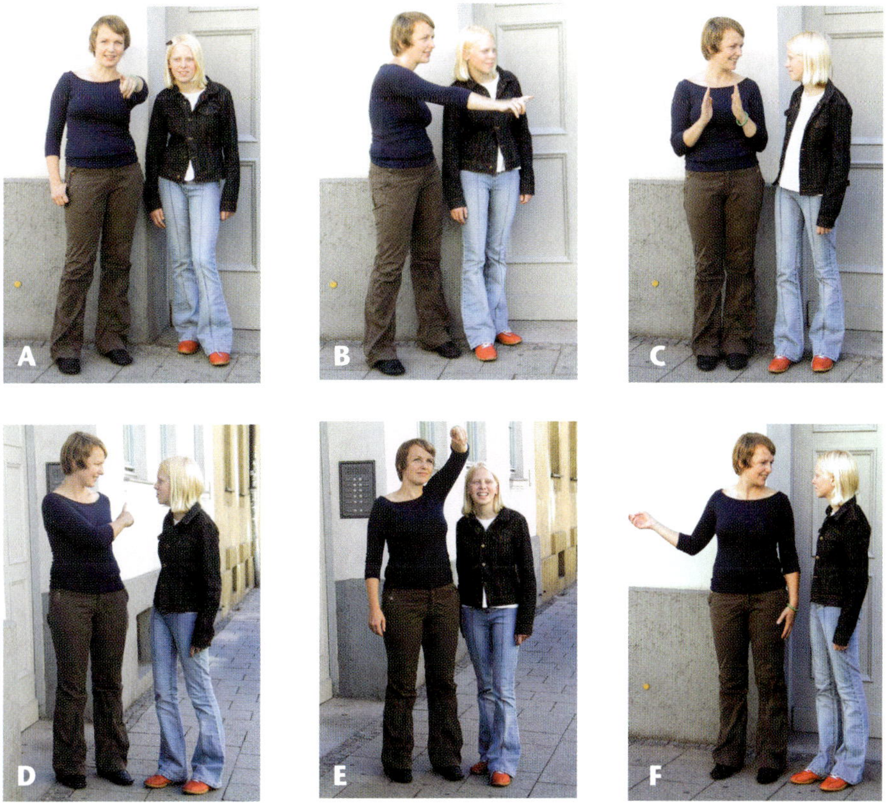

3 Wat hoort bij elkaar? Schrijf op en vul het tegenovergestelde aan.

rechtsaf
rijden
naar boven
rechtdoor
in
vlakbij
vertrekken
vandaan

naartoe
ver weg
linksaf
aankomen
uit
om de hoek
lopen
naar beneden

1. rechtsaf – linksaf .... 2. ...

Aandacht voor: de weg vragen

4 Dialoog: Een toerist in Delft. 27

toerist: Hallo, ik zoek de VVV.
passant: Sorry, wat zeg je?
toerist: Kun je me zeggen waar de VVV is?
passant: Oh, dat weet ik ook niet. Ik woon hier niet.
Je kunt het maar beter even
aan iemand anders vragen.
toerist: Oké, bedankt! Dag.
passant: Doei!
toerist: Pardon mevrouw, bent u hier bekend?
passant 2: Ja zeker.
toerist: Weet u misschien waar de VVV is?
passant 2: Even kijken hoor. Ja, die is hier vlakbij.
toerist: Pardon?
passant 2: Ik bedoel, nog maar een klein stukje lopen, dan bent u er al.
Wacht even, ik heb toevallig een plattegrond bij me.
toerist: Oh, dat komt goed uit!
passant 2: Kijk, we staan nu hier, in de Nieuwstraat. U loopt een klein stukje rechtdoor.
Dan de tweede straat rechts, de eerste links en dan komt u op de markt.
Daar is de VVV – precies tegenover de Nieuwe Kerk.
toerist: Dank u wel, mevrouw!
O ja, weet u misschien ook welke bus ik moet nemen naar het station?
passant 2: Ja, er zijn er drie: lijn 60, 61 en 62. En de bushalte is vlak naast het stadhuis.
toerist: Fijn, dank u wel.
passant 2: Graag gedaan hoor – en nog veel plezier in Delft!
toerist: Dank u. Dag!

5 Maak een lijst en schrijf de goede uitdrukking uit de dialoog op.

Hoe kun je op straat...?	jongeren	volwassenen
1. iemand aanspreken		
2. de weg vragen		
3. zeggen dat u iets niet verstaat		
4. bedanken		
5. afscheid nemen		

6 Naar welk(e) woord(en) in de dialoog verwijzen de onderstreepte woorden?

1. Oh, dat weet ik ook niet.
2. Ja, die is hier vlakbij.
3. Nog maar een klein stukje lopen, dan bent u er al.
4. Dan de tweede straat rechts, de eerste links en dan komt u op de markt.
5. Ja, er zijn er drie: lijn 60, 61 en 62.

Aandacht voor: de weg vragen

7 Vraag het aan je medeleerling.

Schrijf de antwoorden op en vertel dan aan de klas.

1. Is er bij jou in de stad een VVV?
2. Zijn er bij jou in de buurt interessante bezienswaardigheden?
3. Hoe kun je daar het beste komen – met de fiets, auto, bus, tram, metro of met de trein? Of kun je er het beste naartoe lopen?

Jens woont in … en daar zijn veel bezienswaardigheden.
Er is geen VVV, maar wel een mooie kerk.
Dat is makkelijk te lopen.

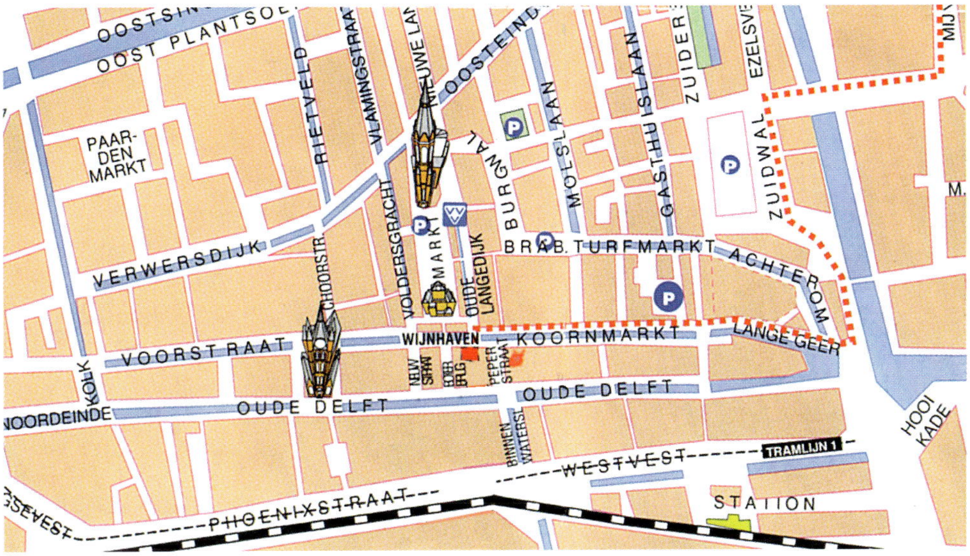

8 De weg wijzen.

Sorry/pardon, waar is de/het (dichtstbijzijnde) …?

Die/Dat is hier	aan je/uw linkerhand/rechterhand.
	aan de linkerkant/rechterkant.
	linksaf/rechtsaf.
	rechtdoor.
	om/op de hoek.
	naast het hotel.
	tegenover de bank.
	in de Nieuwstraat.
	twee huizen verder(op).

– Ga/Gaat u	alsmaar rechtdoor.
	de volgende straat links.
	de tweede rechts.
– Je/U komt dan	langs een hoge flat/ziekenhuis.
	bij een kruispunt.
– Je/U rijdt	over de brug.
	langs het water.
	door de tunnel.

Les 9

Een stapje verder

9 Waar is de Korenmarkt?

Leerling A: Je werkt met deze pagina.
Leerling B: Je werkt met pagina 92.

Leerling A: Je staat voor het station en zoekt:
1. het stadhuis 2. de Torenstraat 3. het museum 4. een hotel.
Je partner weet waar dat is. Gebruik volgende zinnen:

Sorry, weet jij waar …is?
ik zoek een/het/de …?
Dan ga je …

– Ja, ga maar … en dan …
Je komt langs/door …

10 Luister. 28

Een toeriste vraagt voor het station om inlichtingen.
Kijk naar het plaatje en schrijf op waar ze naartoe wil.

Waar is 1. een telefooncel? 2. het Vondelplein? 3. het politiebureau?

Extra: kleuren

11 Welke kleur heeft ...? Schrijf op.

	bij ons	in Nederland	in België
een glasbak			
een politieauto			
een telefooncel			
een bestelbus van de post			
...			

oplossing op pagina 92

Bij ons zijn de glasbakken groen en in Nederland beige.
– Wij hebben ook beige glasbakken!

12 Waar is de fiets?

Let op!
rood → een **rode** fiets
geel → een **gele** auto

naast de geldautomaat ◦ onder de boom ◦ in de gracht ◦ achter de bank
voor het postkantoor ◦ tegen de glasbak ◦ tussen twee brommers ◦ op het trottoir

1. De groene fiets staat onder de boom. 2. De rode fiets ligt ... 3. ...

13 En jij?

Vraag aan je buurvrouw/buurman alles over kleuren.
Probeer zo veel mogelijk te weten te komen.

Wat is jouw lievelingskleur? Welke kleur heeft jouw mobieltje ... de auto van je vader/moeder? ... de brommer van je broer/zus/vriend ...? ... hebben de ogen van ...?

Les 9

TOERISME VLAANDEREN

deVlaamseKust

Onze kust met zijn brede zandstranden, winkelstraten, kunstgaleries, restaurants en cafeetjes, staat garant voor veel sfeer. Kom er actief uitwaaien!

De Vlaamse kust is verrassend veelzijdig. Van een fikse strandwandeling tot schelpjes rapen aan de pier. Of puur zwemplezier in de golven, met een waakzaam reddersteam om een oogje in het zeil te houden. En net achter die kuststrook rolt met de regelmaat van de klok de kusttram voorbij. Om je in een ommezien naar alle kanten en excursies te brengen. Liever actiever? Ga dan wandelen in of achter de duinen of maak een fietstocht in het vlakke Hinterland. De Kust is echt meer dan strand alleen ...cafeetjes, wafelhuizen, kermissen, optredens, musea: je kunt er een culinaire of culturele ontdekkingstocht van maken of naar hartelust shoppen.

www.toerisme-vlaanderen.be

Lekker weg in eigen land

LEKKER WEG IN EIGEN LAND

Welkom op het internetplatform van Toerisme Recreatie Nederland (TRN) en de Algemene Nederlandse Vereniging van VVV's (ANVV). U vindt hier tips voor vakantie en een dagje uit. Landelijke informatie over onder meer accommodaties, evenementen en actieve uitstapjes is vertegenwoordigd op de gehele site. Bent u geïnteresseerd in regionale en plaatselijke informatie en VVV diensten, kijkt u dan onder het tabblad VVV.

De leukste badplaatsen van Nederland en evenementen aan de kust. Struinen langs de boulevard of actief op het water. Hier vindt u uitgebreide informatie over de Nederlandse kust, inclusief live webcams. Zo weet u precies waar de zon schijnt en of er nog een plekje is om neer te strijken op uw handdoek.

www.holland.com

Samenvatting

Grammatica

prepositities

achter bij in naast onder
op tegen tussen voor tegenover

adverbia

daar links(af) rechts(af)
rechtdoor terug boven beneden

Weet u **waar** de VVV **is**?

imperatief

Wacht (u) even. **Wacht** even
Kijk, we staan nu hier. **Kijk** eens, we staan nu hier

er – plaatsbepaling

Een klein stukje lopen, dan bent u **er** al.

Uitdrukkingen

U staat naast het stadhuis.
Je zit achter het standbeeld.

Sorry,	ben je hier bekend?	– Ja, je gaat/ga maar ... en dan ...
	waar is ...?	Je komt dan bij/langs/door ...
	weet je waar ...is?	Dan ga je ...
Pardon mevrouw /meneer	bent u hier bekend?	– Ja, u gaat ...
	waar is ...?	U komt dan ...
	weet u waar ...is?	Dan gaat u ...
		– Even kijken, hoor./Wacht (u) even.
		– Oh, dat weet ik ook niet, ik woon hier niet/...ben hier ook niet bekend.

Dank je wel! / Dank u wel (mevrouw/meneer)!

Vrijetijdsbestedingen

Basiswoorden: vrijetijdsbestedingen

1 Wat hoort bij elkaar?

reizen ◎ fietsen ◎ zwemmen ◎ naar de bioscoop gaan ◎ hengelen
tennissen ◎ winkelen ◎ computeren ◎ lezen ◎ wandelen
televisie kijken ◎ naar muziek luisteren

2 Schrijf nu een paar dingen op die je (niet) leuk vindt/graag doet.

+	–
Ik vind tuinieren/een concert leuk.	Ik vind computeren niet leuk.
Ik ga graag naar de bioscoop.	Ik ga niet graag naar het theater.
Ik fiets graag.	Ik winkel niet zo graag.

Basiswoorden: vrijetijdsbestedingen

3 Maak een lijst en zoek iemand die graag ...

	naam van de medeleerling
naar de bioscoop gaat.	
brommer rijdt.	
tuiniert.	
zwemt.	
winkelt.	
fietst.	
voetbalt.	
brieven schrijft.	
uit eten gaat.	
schaatst.	
computert.	
...	

Ga je graag naar de bioscoop?
– Ja, ik ga heel graag naar de bioscoop.
– Nee, ik ga niet (zo) graag naar de bioscoop.

Les 10

Let op!
graag → liever

4 Vertel het aan de klas.

Wat doen je medeleerlingen (niet) graag?
Schrijf vier zinnen op zoals in het voorbeeld
en lees die dan aan de anderen voor.

Sabine gaat graag winkelen, maar ze vindt tv kijken niet zo leuk.
Tim schrijft niet zo graag brieven, hij leest liever.

Aandacht voor: een standpunt innemen

5 Dialoog: Naar Parijs of Rome? 29

De derde klas gaat op schoolreis.

Erik: En ga je ook mee naar Rome of wil je liever naar Parijs?
Ria: Nou, Rome is erg leuk, maar ik denk het niet.
Erik: Waarom niet?
Ria: Dat weet je toch!
Erik: Je wilt niet vliegen?
Ria: Precies!
Erik: Waarom doe je daar nou zo moeilijk over?
Ria: We kunnen toch lekker met de trein naar Parijs.
Waarom wil je dan liever vliegen?
Erik: Omdat je er zó bent met het vliegtuig.
Ria: Maar het is …
Erik: Maar de trein naar Parijs duurt de hele dag;
zonde van de tijd!
Ria: Nee, dat klopt niet. We nemen toch de
nachttrein naar Parijs.
Erik: Nee hoor, dat is ook niets voor mij.
Ik doe geen oog dicht in die trein.
Ria: Maar je weet toch dat ik bang ben om te vliegen!
Erik: Ik ben toch bij je!
Ria: Nou, sorry, maar daar wordt het echt niet beter van!
Erik: En ík heb geen zin om de hele nacht in de trein te zitten!
Ria: Ja, maar in de trein kun je naar muziek luisteren, eten,
slapen, lezen, lekker iets drinken …
Dat kun je in een vliegtuig niet doen.
Erik: Doe niet zo gek! Natuurlijk kun je dat in het vliegtuig ook.
Ria: Ja, maar niet als je er zó bent!

6 Maak een lijst en schrijf de argumenten op.

vóór het vliegen	tegen het vliegen	vóór de trein	tegen de trein
	Ria is bang.		

7 Waar of niet waar?

Maak vijf zinnen over het gesprek tussen Erik en Ria.
Je buurvrouw/buurman zegt of deze zinnen waar zijn of niet.

➔ *Ria vliegt graag.*
– Ja, dat is waar. / Nee, dat is niet waar.

Een stapje verder: iets motiveren

8 Met de trein. 30

a) Op het NS station geven reizigers antwoord op de vraag: 'Gaat u vaak met de trein?' Neem de volgende lijst over. Luister en kruis het juiste antwoord aan.

reiziger	Ja, regelmatig.	Af en toe.	Nee, (bijna) nooit.
1			
2			
…			

b) Luister nog een keer. Schrijf op waarom ze (niet) met de trein gaan.

	+		−
… omdat	het sneller gaat.	… omdat/hoewel	het (te) lang duurt.
	het gezellig is.		het (te) duur is.
	ik in de trein kan werken.		de verbinding slecht is.
	het milieuvriendelijker is.		de trein (te) vol is.
	je geen parkeerplaats hoeft te zoeken.		je van het spoorboekje afhankelijk bent.

➔ *De eerste persoon gaat niet met de trein omdat het volgens haar te duur is.*

Les 10

9 En jij?

Ga je vaak met de trein/de auto/de fiets? Waarom of waarom niet?
En je medeleerlingen?

➔ *Ga je vaak met de trein?*
– Ja, regelmatig. / Af en toe. / Nee, (bijna) nooit.
En waarom?
– Omdat …

10 Vertel het aan de klas.

➔ *Anja gaat niet met de trein omdat de verbinding zo slecht is.*
Je moet twee keer overstappen!
Gerd vliegt graag omdat je er zó bent.

Extra: de rangtelwoorden

11 31

1e	eerste	6e	zesde	11e	elfde	21e	eenentwintigste
2e	tweede	7e	zevende	12e	twaalfde	30e	dertigste
3e	derde	8e	achtste	14e	veertiende	40e	veertigste
4e	vierde	9e	negende	18e	achttiende	80e	tachtigste
5e	vijfde	10e	tiende	20e	twintigste	100e	honderdste

schrift

12 Een puzzel.

Schrijf de getallen van 1 tot en met 17 op en zet de letters op de goede plaats.
Als je het goed doet, staat er een woord uit deze les.

1	2	3	4	5	6	7	8	9	10	11	12	13	14	15	16	17

1. De negende letter is een b.
2. De veertiende letter is een d.
3. De derde letter is een ij.
4. De elfde letter is een s.
5. De zeventiende letter is een g.
6. De zesde letter is een ij.
7. De vijftiende letter is een i.
8. De twaalfde letter is een t.
9. De zevende letter is een d.
10. De tiende letter is een e.
11. De vierde letter is een e.
12. De tweede letter is een r.
13. De zestiende letter is een n.
14. De eerste letter is een v.
15. De dertiende letter is een e.
16. De vijfde letter is een t.
17. De achtste letter is een s.

13 Doe het nu zelf!

Bedenk een woord of een naam en geef je partner steeds één letter van het woord.

Mijn woord heeft dertien letters.
De vierde letter is een …

Extra: de datum

14 De maanden.

januari februari maart april mei juni juli augustus september oktober november december

15 Vraag het aan je medeleerlingen.

Welke maand is de derde maand van het jaar. – Maart …

16 Op welke datum valt …?

5/12/2003 = (de) vijf(de) december tweeduizend drie

26 mei

17 maart 1999

Sinterklaas viert zijn verjaardag elk jaar op vijf december.

Ik vier mijn verjaardag ook op de vijfde!

De verjaardag van Sinterklaas? Kerstmis? De eerste dag van de zomervakantie? De verjaardag van je lerares/leraar? Koninginnedag?…

Les 10

17 En wanneer ben jij jarig?

Ga in een rij staan; begin de rij met degene die in januari jarig is.

Wanneer ben je jarig?
– Ik ben op zeventien juli jarig.

En wanneer ben jij jarig?
– In maart.
Op de hoeveelste?
– De achtste.

Sport in Nederland

In Nederland doet men veel en graag aan sport. Voetbal is volkssport nummer één. Met ongeveer één miljoen leden is de voetbalbond de grootste organisatie in het land. Maar ook op het gebied van schaatsen, tennis, volleybal, paardensport en wielrennen spreekt Nederland een aardig woordje mee.

Als we het over fietsen hebben: Nederland beschikt over zoveel fietspaden, dat het in principe mogelijk is het gehele land op de fiets te verkennen. Langs veel wegen staan zgn. paddestoelen – dat zijn kleine stenen zuiltjes – waarop o. a. de ANWB*-fietsroutes aangegeven staan. De fietspaden zorgen ervoor, dat je als fietser met de grootst mogelijke veiligheid aan het verkeer kunt deelnemen. Niet voor niets wordt de fiets het nationale vervoermiddel genoemd!
Maar er wordt ook veel in, op en aan het water gesport! De lange kustlijn biedt volop gelegenheid om watersporten zoals surfen, zwemmen, zeilen en vissen te beoefenen. Ook landinwaarts zijn er veel watersportmogelijkheden: op veel sloten, ringvaarten en meertjes kan men met een zeilboot, kano of motorboot tochten maken door schitterende natuurgebieden.

In de winter verandert dan het scenario: schaatsen is in Nederland heel populair. Als er voldoende ijs ligt, halen de mensen hun schaatsen uit de kast en maken lange tochten over de bevroren sloten.
De beroemdste tocht is de Elfstedentocht in Friesland, een tocht langs elf Friese steden. In 1997 werd hij voor de vijftiende keer gereden. Een unieke gebeurtenis, die niet elk jaar voorkomt, want het moet wel heel behoorlijk vriezen voordat het ijs op dit 220 kilometer lange traject dik genoeg is. 16.000 schaatsers, honderdduizenden toeschouwers en elf mooie Friese steden maken de Elfstedentocht tot een éénmalig evenement.

**Algemene Nederlandse Wielrijdersbond, de naam van de Koninklijke Nederlandse Toeristenbond, te vergelijken met de ADAC in Duitsland. Leuk om te weten, dat uit een wielrijdersbond een grote automobielvereniging ontstaan is!*

Samenvatting

Grammatica

Ik lees (niet) graag.	Lees je (ook) graag?
Ik vind tuinieren (niet) leuk.	Vind je tuinieren ook (niet) leuk?

Ik ga vaak met de trein **omdat** ik het gezellig vind.
Zij gaat met de trein, **hoewel** het langer duurt.

rangtelwoorden

1e	**eerste**	6e	zes**de**	11e	elf**de**	21e	eenentwintig**ste**
2e	twee**de**	7e	zeven**de**	12e	twaalf**de**	30e	dertig**ste**
3e	**derde**	8e	acht**ste**	14e	veertien**de**	40e	veertig**ste**
4e	vier**de**	9e	negen**de**	18e	achttien**de**	80e	tachtig**ste**
5e	vijf**de**	10e	tien**de**	20e	twintig**ste**	100e	honderd**ste**

Uitdrukkingen

Dat is niets voor mij!
Ik denk het niet.
Doe niet zo moeilijk/gek!
Zonde van de tijd!
Ja, maar ...
Daar wordt het echt niet beter van!
Omdat je er zó bent.
Ga je vaak met de trein?

14 (pagina 29) Vraag je partner naar de ontbrekende informatie.

Leerling B: Je bent op een internationale camping. Vandaag komen er zes nieuwe kampeerders aan. Je weet nog niet alles over hen. Schrijf de lijst op, vraag je buurvrouw/buurman naar de ontbrekende informatie en vul de lijst in.

Voornaam	Annette	Joke	Margriet	Heinz	Danny	Joe
Achternaam	Schulz	~	~	Kastner	Felber	~
Komt uit …	Oostenrijk	~	Nederland	~	~	Engeland
Hoe is hij/zij?	~ ~	romantisch, netjes	~ ~	grappig, slordig	~ ~	serieus, optimistisch

Vraag naar: achternaam, herkomst en eigenschappen.

Wat is Jokes achternaam?
Komt Joke uit Nederland? / Waar komt Joke vandaan?
Is Margriet sportief? / Hoe is Margriet?

7 (pagina 59) Vraag een andere leerling naar de ontbrekende informatie.

	beroep	waar	hoe lang?
Jan-Willem	ambtenaar	op het stadhuis	~
Mariska	verkoopster	~	2 jaar
mevrouw De Wit	~	~	bijna 10 jaar
Hendrik	~	~	6 maanden
meneer Heeskens	~	in zijn eigen winkel	~
Rieke	secretaresse	bij de Bijenkorf	~
de ouders van jouw partner	~	~	~

Wat voor werk doet mevrouw De Wit? *En waar werkt zij?* *Hoe lang werkt zij daar?*
– Zij is … *– …* *– Al/Sinds … jaar.*

(pagina 37) Vraag een andere leerling.

Leerling B: Je ziet hier een foto van de familie Mulder. Jouw partner heeft een andere foto van deze familie. Vraag aan je partner of dezelfde personen op zijn/haar foto staan.

Formuleer vragen op deze manier:

Staat er een man met een baard op jouw foto?
– Ja, inderdaad. / Nee, op mijn foto staat geen man met een baard.

Zijn er vier kinderen op jouw foto te zien?
– Ja, inderdaad. / Nee, ik zie er maar drie.

Is er een vrouw met blond haar op jouw foto?
– Ja, er is een vrouw met blond haar. / Nee, ik zie geen vrouw met blond haar.

Staat er een oude vrouw met een hond op jouw foto?
– …

9 (pagina 78) Waar is de Korenmarkt?

Leerling B: Je staat voor het station en zoekt:
1. het ziekenhuis 2. de Korenmarkt 3. de VVV 4. de PTT
Je partner weet waar dat is. Gebruik volgende zinnen:

➔ *Sorry,* *weet jij waar ...is?* *-Ja, ga maar ... en dan ...*
ik zoek een/het/de ...? *Je komt langs/door ...*
Dan ga je ...

Hier ben je.

11 Oplossing pagina 79.

	bij ons	Nederland	België
glasbak	groen, wit, bruin	beige, e.a.	groen, e.a.
politieauto	wit, groen	wit, rood, blauw	wit, blauw
telefooncel	roze, grijs, wit	groen	grijs
bestelbus post	geel	rood	rood

Anhang

Wörterverzeichnis nach Lektionen

Vor dem Wörterverzeichnis der Lektion befindet sich jeweils eine Liste mit neu eingeführten Arbeitsanweisungen.
Die mit Stern gekennzeichneten Verben haben unregelmäßige Vergangenheitsformen.
Eine Liste der wichtigsten unregelmäßigen Verben befindet sich im Arbeitsbuch.
Artikel, die im Niederländischen anders sind als im Deutschen, sind fett gedruckt.
Die Vokabeln zu ***Ander*land** dienen in der Hauptsache dem besseren Textverständnis.

Lektion 1

Wie zegt wat?	Wer sagt was?
Luister. Wat hoort bij elkaar?	Hör zu. Was gehört zusammen?
Schrijf op.	Schreib auf.
Schrijf de uitdrukkingen uit de dialogen op.	Schreibe die Ausdrücke aus den Dialogen auf.
Stel je aan een andere leerling voor.	Stell dich einem anderen Schüler vor.
Vraag waar hij/zij vandaan komt.	Frage, woher er/sie kommt.
Vertel het aan de klas.	Erzähle der Klasse.
Luister en spreek na.	Hör zu und sprich nach.
Luister nog een keer.	Hör noch einmal zu.
Ken je nog andere afkortingen?	Kennst du noch andere Abkürzungen?
Kan je dat even spellen?	Kannst du das mal buchstabieren?
Vraag een medeleerling naar zijn/haar naam.	Frage einen Mitschüler nach seinem/ihrem Namen.

Ü

dag	(Guten) Tag
de basiswoorden	der Grundwortschatz
de begroeting	die Begrüßung
1	
Goedemorgen!	Guten Morgen!
Goedemiddag!	Guten Tag!
Goedenavond!	Guten Abend!
Goedenacht!	Gute Nacht!
2	
aandacht voor	Aufmerksamkeit für
kennismaken (ik maak kennis)	sich kennen lernen (ich lerne kennen)
jezelf voorstellen (ik stel me voor)	sich vorstellen (ich stelle mich vor)
in het ziekenhuis	im Krankenhaus
op een camping	auf einem Campingplatz
op kantoor (het kantoor)	im Büro (das Büro)
op school (de school)	in der Schule (die Schule)
3	
zijn* (ik ben)	sein (ich bin)
Dat klinkt nogal Duits.	Das klingt ziemlich deutsch.
klinken* (het klinkt)	klingen (es klingt)
Kom je uit Duitsland?	Kommst du aus Deutschland?
komen* (ik kom)	kommen (ich komme)
uit	aus
kloppen (dat klopt)	stimmen (das stimmt)
En waar kom je/jij vandaan?	Und woher kommst du?
geboren	geboren
een dorpje	ein kleines Dorf
vlakbij	(ganz) in der Nähe von
maar	aber
nu	jetzt
wonen (ik woon)	wohnen (ich wohne)
Berlijn	Berlin
de nieuwe collega	der neue Kollege/ die neue Kollegin
Bent u meneer Smit?	Sind Sie Herr Smit?
nee	nein
dat is	das ist
o!	Oh!
Oostenrijk	Österreich
Hoi	Hallo
de leerling	der Schüler
Wie ben je/jij?	Wer bist du?
België	Belgien
we/wij	wir
Ga zitten!	Setz dich!
Deze stoel is nog vrij.	Dieser Stuhl ist noch frei.
Dank je wel.	Danke.
4	
de naam	der Name
hij	er
ze/zij	sie (Sg.)
5	
de vraag	die Frage
de herkomst	die Herkunft
6	
opletten (ik let op)	aufpassen (ich passe auf)
Let op!	Pass auf!
7	
dit zijn	dies sind
dat zijn	das sind
ze/zij	sie (Pl.)
8	
de stad (Pl.: de steden)	die Stadt (Pl: die Städte)
de Nederlander	der Niederländer
de Nederlandse	die Niederländerin
daar	dort
de Duitser	der Deutsche
de Duitse	die Deutsche
9	
Aken	Aachen
Tot ziens!	Auf Wiedersehen!
10	
een fictieve naam	ein fiktiver Name
de woonplaats	der Wohnort
het briefje	(hier:) der Zettel

geven* (ik geef)	geben (ich gebe)
de leraar	der Lehrer
de lerares	die Lehrerin
Hij/Zij vertelt hoe het verder gaat.	Er/Sie erzählt, wie es weitergeht.
12	
een stapje	ein kleiner Schritt
het alfabet	das Alphabet
13	
welke letters	welche Buchstaben
heel anders dan	ganz anders als
14	
kunnen* (ik kan, kan je?)	können (ich kann, kannst du?)
deze Nederlandse	diese niederländischen
afkortingen	Abkürzungen
uitspreken* (ik spreek uit)	aussprechen (ich spreche aus)
het IQ	**der** IQ
de tv	TV, **das** Fernsehen
de VVV	das Fremdenverkehrs- und Tourismusbüro
de KLM	die KLM (ndl. Fluglinie)
de PTT	die niederländische Post
a.u.b.	bitte
de ANWB	der ndl. ADAC
het KNMI	**der** ndl. Wetterdienst
de wc	**das** WC
de PSV	der PSV (ndl. Fussballverein aus Eindhoven)
de WK	die WM
de VS	die Vereinigten Staaten(USA)
kennen (ik ken)	kennen (ich kenne)
15	
Hoe heet je?	Wie heißt du?
heten* (ik heet)	heißen (ich heiße)
***Ander*land**	
zien* (ik zie)	sehen (ich sehe)
de kaart	die Karte
met	mit
zeven	sieben
het Belgisch-Duits-Nederlandse grensgebied	das belgisch-deutsch-niederländische Grenzgebiet
zich inzetten voor (ik zet me in)	sich einsetzen für (ich setze mich ein)
de samenwerking	die Zusammenarbeit
goed	gut
tussen	zwischen
drie	drei
het land	das Land
het initiatief	die Initiative
tot stand komen* (het komt tot stand)	entstehen (es entsteht)
misschien	vielleicht
opzoeken* (ik zoek op)	heraussuchen, -finden (ich finde heraus)
S	
de samenvatting	die Zusammenfassung
de grammatica	die Grammatik

Lektion 2

Wat kun je antwoorden op de vraag:	Wie kann man auf die Frage antworten:
Hoe gaat het met je/u?	Wie geht es dir/ihnen?
Zet de volgende uitdrukkingen in de goede volgorde (positief-negatief) en schrijf ze op.	Bringe die folgenden Ausdrücke in die richtige Reihenfolge (positiv-negativ) und schreib sie auf.
Luister. Hoe gaat het met de volgende personen?	Hör zu. Wie geht es den folgenden Personen?
Loop door de klas en vraag je medeleerlingen en je leraar hoe het met hen gaat.	Geh durch die Klasse und frage deine Mitschüler und deinen Lehrer, wie es ihnen geht.
Zeggen de volgende personen "u" of "jij" tegen elkaar?	Sagen die folgenden Personen „Sie" oder „du" zueinander?
Wie is dat?	Wer ist das?
Speel nu zelf een situatie na.	Spiel jetzt selbst eine Situation nach.
Schrijf de lijst over en kruis aan.	Schreibe die Tabelle ab und kreuze an.
Welke foto hoort bij welke tekst?	Welches Foto gehört zu welchem Text?
En wat vind jij? Lees de argumenten.	Und was meinst du? Lies die Argumente.
Schrijf de getallen op die je hoort.	Notiere die Zahlen, die du hörst.
Van welk spoor vertrekt de trein?	Von welchem Gleis fährt der Zug ab?
Hoe gaat het verder?	Wie geht es weiter?
Lees voor en vul aan.	Lies vor und ergänze.
Maak een lijst met de namen, adressen en telefoonnummers van je medeleerlingen en je lerares/leraar.	Mache eine Liste mit den Namen, Adressen und Telefonnummern deiner Mitschüler und deiner/s Lehrerin/Lehrers.
Van wie is het nummer?	Wessen Nummer ist das?
Neem nu je adressenlijst en vraag aan je medeleerlingen.	Nimm jetzt deine Adressenliste und frage deine Mitschüler.
Ü	
Hoe gaat het?	Wie geht es?
gaan* (ik ga)	gehen (ich gehe)
1	
Het gaat wel.	Es geht (schon).
uitstekend	hervorragend
fantastisch	fantastisch
niet zo goed	nicht so gut

1 – 10

hartstikke goed	total (= sehr) gut
slecht	schlecht
O, best.	Oh, gut
2	
de persoon	die Person
3	
hen	sie/ihnen
hoe het met hen gaat	wie es ihnen geht
Hoe gaat het met je/ u?	Wie geht es dir/ihnen?
Met mij gaat het goed.	Mir geht es gut.
4	
de patiënt	der Patient
de vrouw	die (Ehe-) Frau
zijn vrouw	seine Frau
de toerist(e)	der/die Tourist(in)
de vriend	der Freund
haar vriend	ihr(en) Freund
zeggen* (ik zeg)	sagen (ich sage)
tegen elkaar	zueinander
5	
vandaag	heute
de vakantie	die Ferien, der Urlaub
op vakantie	in den Ferien, im Urlaub
werken (ik werk)	arbeiten (ich arbeite)
boffen (ik bof)	Glück haben (ich habe Glück)
het weer	das Wetter
pardon	pardon
Wat zeg je?	Was sagst du?
bedoelen (ik bedoel)	meinen (ich meine)
jullie	ihr/euch
geluk hebben*	Glück haben
jullie hebben geluk	ihr habt Glück
lekker	(hier:) schön
onze nieuwe collega	unser neue Kollege
Welkom op de afdeling.	Willkommen in der Abteilung.
Dank u.	Danke.
nou	(hier:) nun, ach
Mag ik even voorstellen?	Darf ich kurz vorstellen?
voorstellen (ik stel voor)	vorstellen (ich stelle vor)
zich voorstellen aan	sich jemandem vorstellen
spreken* (ik spreek)	sprechen (ich spreche)
Nederlands	Niederländisch
een beetje	ein bisschen
de dochter	die Tochter
mijn dochter	meine Tochter
in de buurt	in der Nähe/Gegend
mogen* (ik mag)	dürfen (ich darf)
Hoe is het?	Wie geht es dir?
Hoe maak je/maakt u het?	Wie geht es dir/ ihnen?
maken (ik maak)	machen (ich mache)
leren (ik leer)	(hier:) lernen (ich lerne)
proberen (ik probeer)	versuchen (ich versuche)

weten* (ik weet)	wissen (ich weiß)
Wat leuk!	Wie schön!
leuk	nett, schön
6	
van	von
in dezelfde klas zitten als	in derselben Klasse sein wie
9	
de vriendin	die Freundin
oud	alt
10	
Prettig met u kennis te maken.	Freut mich./Angenehm Sie kennen zu lernen.
Hoi, hoe gaat het ermee?	Hallo, wie geht's?
de man	der Mann, (hier:) der Ehemann
11	
de kennis	der/die Bekannte(r)
ze kennen elkaar niet	sie kennen einander nicht
eens	mal
hem	ihn/ihm
12	
de bekenden	die Bekannten
jong	jung
de mens	der Mensch, hier: die Person
gewoon	einfach
natuurlijk	natürlich, selbstverständlich
de oma	die Oma
automatisch	automatisch
vinden* (ik vind)	finden (ich finde)
correct	korrekt
de generatie	die Generation
liever	lieber
soms	manchmal
de familie	die Familie, die Verwandtschaft
alleen	(hier:) nur
als	wenn
op school	in der Schule
alle	alle
mevrouw	Anrede: Frau
de huisvrouw	die Hausfrau
de arts	der Arzt, die Ärztin
de student(e)	der/die Student(in)
13	
beter	besser
vriendelijk	freundlich
toch leuker	doch netter
onvriendelijk	unfreundlich
moeten* (ik moet)	müssen (ich muss)
de moeder	die Mutter
de buurman	der Nachbar
de trainer	der Trainer
de buschauffeur	der Busfahrer

16

Keulen	Köln
Parijs	Paris

17

plus	plus
keer/ maal	mal
gedeeld door	geteilt durch
delen (ik deel)	teilen (ich teile)
min	minus

18

het adres	**die** Adresse
de achternaam	der Nachname
jouw	dein(e)
de straatnaam	der Straßenname
opbellen (ik bel op)	anrufen (ich rufe an)
het telefoonnummer	**die** Telefonnummer
het e-mailadres	**die** E-Mail-Adresse
geen	kein
de pc	der PC
uw	Ihr(e)
de telefoon	**das** Telefon
het kengetal	die Vorwahl

***Ander*land**

groetjes	Viele Grüße
de groet	der Gruß
missen (ik mis)	vermissen (ich vermisse)
Ik mis je.	Ich vermisse dich.
verrassen (ik verras)	überraschen (ich überrasche)
laten* (ik laat)	lassen (ich lasse)
krassen (ik kras)	kratzen, (hier:) rubbeln (ich rubbele, kratze)
om	um
me	mir/mich
Ik hou(d) van je.	Ich liebe dich.
houden* van	lieben
gauw	schnell
xxx-jes	Küsschen
het geintje	der Scherz, der Spaß
zomaar	einfach so
wanneer?	wann?
het geheim	das Geheimnis
de postzegel	die Briefmarke
verkrijgbaar	erhältlich
het postkantoor	das Postamt
het velletje	der Bogen
verschillend	unterschiedlich
de boodschap	(hier:) die Nachricht
wij zorgen ervoor	wir sorgen dafür

Lektion 3

Welke beschrijving past bij wie?	Welche Beschreibung passt zum wem?
Hoe zijn ze?	Wie sind sie?
Wat voor type ben je?	Was für ein Typ bist du?
Zet de volgende uitdrukkingen in de goede volgorde.	Setze die folgenden Ausdrücke in die richtige Reihenfolge.
Zoek de goede volgorde van de volgende uitdrukkingen.	Suche die richtige Reihenfolge der folgenden Ausdrücke.
Schrijf de lijst op en vul de uitdrukkingen in de goede volgorde en de eigenschappen uit nummer 3 in.	Schreibe die Tabelle auf, setze die Ausdrücke in der richtigen Reihenfolge und die Eigenschaften aus Nummer 3 ein.
Brainstormen. Welke andere woorden gebruik je bij personen?	Brainstormen. Welche anderen Wörter gebrauchst du bei Personen.
Je kunt ook een woordenboek gebruiken of je lerares/leraar vragen.	Du kannst auch ein Wörterbuch benutzen oder deine Lehrerin/ deinen Lehrer fragen.
Schrijf op en vul in.	Schreibe auf und setze ein.
Wie is jouw beste vriend(in).	Wer ist dein(e) beste Freund(in)?
Vraag het aan je medeleerlingen en schrijf op.	Frage deine Mitschüler und schreibe es auf.
Vertel dan aan de klas wat je te weten gekomen bent.	Erzähle der Klasse, was du erfahren hast.
Vraag je partner naar de ontbrekende informatie.	Frage deinen Partner nach der fehlenden Information.
Je werkt met deze pagina/pagina 90.	Du arbeitest mit dieser Seite/Seite 90.
Vraag naar: achternaam, herkomst en eigenschappen.	Frage nach Nachname, Herkunft und Eigenschaften.
Geef antwoord op de volgende vragen.	Gib auf die folgenden Fragen Antwort.
Maak volgens dit schema nog een paar vragen.	Mach nach diesem Muster noch ein paar Fragen.
Wat past bij wie?	Was passt zu wem?
Schrijf op hoe ze zijn.	Schreibe auf, wie sie sind.
Welke andere woorden horen er nog bij?	Welche anderen Wörter gehören noch dazu?
Welke beschrijving past bij wie?	Welche Beschreibung passt zu wem?
Teken wat je hoort.	Zeichne, was du hörst.

Ü

Hoe is ze?	Wie ist sie?
de karaktereigenschap	die Charaktereigenschaft

Wörterverzeichnis nach Lektionen

1	
slordig	unordentlich
druk	lebhaft
sportief	sportlich
romantisch	romantisch
pessimistisch	pessimistisch
grappig	lustig
2	
erg	sehr
3	
volgens mij	meiner Meinung nach
doen* (ik doe)	tun, (hier:) machen, (ich mache)
de persoonlijkheidstest	der Persönlichkeitstest
het type	**der** Typ
stil	ruhig, zurückhaltend
netjes	ordentlich
serieus	ernst(haft)
optimistisch	optimistisch
realistisch	realistisch
gevoelig	sensibel
4	
heel (erg)	ganz (schön)
helemaal niet	überhaupt nicht
vrij	ziemlich
6	
allebei	beide
7	
beschrijven* (ik beschrijf)	beschreiben (ich beschreibe)
blond	blond
het meisje	das Mädchen
de bibliotheek	die Bibliothek
naast	neben
slank	schlank
klein	klein
het plaatsje (de plaats)	der Ort, das Örtchen
kijken*(ik kijk)	schauen, sehen (ich sehe, schaue)
aardig	nett
tja	tja
iedereen	jede(r)
zoals	wie
8	
het uiterlijk	das Aussehen
(uit-)zien* (ik zie ... eruit)	(aus-)sehen (ich sehe ... aus)
groot	groß
het kind	das Kind
9	
gezellig	gemütlich
beleefd	höflich
lief	lieb
10	
de vader	der Vater
de broer	der Bruder
de zoon	der Sohn
de oom	der Onkel
de neef	der Neffe, Vetter
de opa	der Opa
de zwager	der Schwager
de zus	die Schwester
de tante	die Tante
de nicht	die Nichte, Cousine
de schoonzus	die Schwägerin
het kleinkind	**der** Enkel, **die** Enkelin
11	
over	über
hun	ihren
beste	beste(r)
de informatie	die Information
de relatie	die Beziehung
12	
de buren	die Nachbarn
de club	der Verein
de buurvrouw	die Nachbarin
mijn	mein(e)
de buurman	der Nachbar
14	
de kampeerder(-s)	der/die Camper
internationaal	international
aankomen* (ik kom...aan)	ankommen (ich komme an)
Zwitserland	Schweiz
Engeland	England
de voornaam	der Vorname
de eigenschap	die Eigenschaft
16	
beschrijven* (ik beschrijf)	beschreiben (ich beschreibe)
dun	dünn
blauw	blau
het oog	das Auge
donker	dunkel
lang	lang
de snor	der Schnurrbart
bruin	braun
attractief	attraktiv
de baard	der Bart
dragen* (ik draag)	tragen (ich trage)
de bril	die Brille
kort	kurz
mooi	schön
kaal	kahl
dik	dick
knap	hübsch
18	
Mijn zussen?	Meine Schwestern?
Ik vind ze erg knap.	Ich finde sie sehr schön.
de tweeling	die Zwillinge
het verschil	**der** Unterschied
Hoe ik eruit zie?	Wie ich aussehe?
opvallen* (het valt op)	auffallen (es fällt auf)
de lengte	die Größe
staan* (ik sta)	stehen (ich stehe)

19	
zoeken* (ik zoek)	suchen, ich suche
het boek	das Buch
het plaatje	**die** Abbildung
vergelijken* (ik vergelijk)	vergleichen (ich vergleiche)
het resultaat	das Resultat

***Ander*land**

liefs	liebe Grüße
de hulp	die Hilfe
duizenden	Tausenden
enorm	enorm
helpen* (geholpen)	helfen (geholfen)
afgelopen	vergangen
de tijd	die Zeit, der Zeitraum
zullen* (ik zal)	werden, ich werde
nooit	nie
vergeten* (ik vergeet)	vergessen (ich vergesse)
liefst	liebst
de mama	die Mama
bedankt	danke
de vriendschap	die Freundschaft
veel	viel
betekenen (het betekent)	bedeuten (es bedeutet)
de steun	die Unterstützung
de buur	der Nachbar
de gezelligheid	die Gemütlichkeit
gek	verrückt
allerliefst	allerliebst
mooist	allerschönst
gezelligst	gemütlichst
bestaan*	geben, bestehen
die er bestaat	die es gibt
het kusje (de kus)	das Küsschen (der Kuss)
fijn	fein
zo'n	so ein(e)
het zusje (de zus)	das Schwesterchen, die Schwester
blijven* (ik blijf)	bleiben (ich bleibe)
S	
trouwen (ik trouw)	heiraten (ich heirate)
getrouwd	verheiratet (heiraten)
het ras	die Rasse
vals	falsch, bösartig

Lektion 4

Wie kent Nederland en België?	Wer kennt die Niederlande und Belgien?
Vertel het nu aan je partner.	Erzähl es jetzt deinem Partner.
Waar of niet waar?	Wahr oder nicht wahr?
Geef antwoord op de stellingen.	Antworte auf die Behauptungen.
Teken de stamboom van jouw familie.	Zeichne den Stammbaum deiner Familie.
Vraag een andere leerling naar zijn/haar gezin/familie.	Frage eine/n anderen Schüler/in nach seiner/ihrer Familie.
Zoek iemand die ...	Suche jemanden, der ...
Doe deze oefening met een andere leerling.	Mache diese Übung zusammen mit einem anderen Schüler.
Hoe laat is het?	Wie spät ist es?

Ü	
hoeveel	wie viel?
1	
duizend	Tausend
miljoen	Million
2	
het cijfer	**die** Ziffer
lezen* (ik lees)	lesen (ich lese)
schrijven* (ik schrijf)	schreiben (ich schreibe)
3	
de quiz	**das** Quiz
de provincie	die Provinz
de inwoner	der Einwohner
breken* (ik breek)	brechen (ich breche)
ontstaan*	entstehen
tijdens	während
de wintersportvakantie	der Skiurlaub
Alpen	die Alpen
het been	das Bein
4	
denken*	denken
geloven (ik geloof)	glauben (ich glaube)
weten* (ik weet)	wissen (ich weiß)
5	
het kaartje	**die** Fahrkarte
de baby	**das** Baby
de hoed	der Hut
6	
Neemt u me niet kwalijk.	Nehmen Sie es mir nicht übel.
gelijk hebben*	Recht haben
eigenlijk	eigentlich
Amerika	Amerika
sinds	seit
Goh, wat spreekt u goed Nederlands!	Wow, Sie sprechen aber gut Niederländisch!
het dochtertje	die Tochter (das Töchterchen)
reizen (ik reis)	reisen (ich reise)
eerst	erst
de conducteur	der Schaffner
het plaatsbewijs	**der** Fahrausweis
alstublieft	bitte schön
7	
de stamboom	der Stammbaum
het gezin	**die** Familie
de hond	der Hund
de kat	die Katze
het huisdier	das Haustier

het mobieltje (NL), de gsm (B)	das Handy, das Mobiltelefon

11

formuleren (ik formuleer)	formulieren (ich formuliere)
de manier	die Art
inderdaad	tatsächlich
de poes	die Katze

12

de minuut	die Minute
de seconde	die Sekunde
het uur	**die** Stunde
de week	die Woche
de dag	der Tag
half	halb
het kwartier	**die** Viertelstunde
de maand	der Monat
de eeuw	**das** Jahrhundert
het jaar	das Jahr

13

Hoe laat is het?	Wie spät ist es?
het kwart	das Viertel
over	nach
voor	vor
bijna	fast
's ochtends	morgens
's morgens	morgens
's middags	nachmittags
's avonds	abends
's nachts	nachts
vanmorgen	heute Morgen
vanmiddag	heute Mittag
vanavond	heute Abend
vannacht	heute Nacht
maandag	Montag
dinsdag	Dienstag
woensdag	Mittwoch
donderdag	Donnerstag
vrijdag	Freitag
zaterdag	Samstag
zondag	Sonntag
het weekend	das Wochenende

14

beginnen* (ik begin)	anfangen (ich fange an), beginnen
de film	der Film
dus	also
iets	etwas
de les	(hier:) die Unterrichtsstunde
die	(hier:) der
duren (het duurt)	dauern
precies	genau
anderhalf	anderthalb
vroeg	früh

15

geopend	geöffnet
Artis	der Amsterdamer Tierpark
het museum	das Museum
de gracht	die Gracht, der Kanal
de rondvaart	die Rundfahrt
dagelijks	täglich

***Ander*land**

het/de lesrooster	der Stundenplan
klas 2 HAVO	achte Klasse Realschule
de lessentabel	die Stundentafel
het vak	das Fach
de docent/e	der Lehrer/die Lehrerin der Dozent/die Dozentin
Frans	Französisch
Engels	Englisch
geschiedenis	Geschichte
godsdienst	Religion
wiskunde	Mathematik
biologie	Biologie
natuurwetenschappen	Naturwissenschaften
muziek	Musik
lichamelijke opvoeding	Sport
verzorging	Betreuung
informatiekunde	Informatik
de lestijd	die Unterrichtszeit

Lektion 5

Welk woord past bij welke tekening?	Welches Wort passt zu welcher Zeichnung?
Zet nu de activiteiten in de goede volgorde.	Setze nun die Tätigkeiten in die richtige Reihenfolge.
Welke andere werkwoorden horen er nog bij?	Welche anderen Verben gehören noch dazu?
Loes en Riet zijn het niet met elkaar eens.	Loes und Riet sind sich nicht einig.
Wat willen ze tijdens hun vakantie doen?	Was wollen sie in den Ferien machen?
Schrijf die uitdrukkingen uit de dialoog op die je gebruikt om iets positief of negatief te beoordelen.	Schreibe jene Ausdrücke aus den Dialogen auf, die du verwendest, um etwas positiv oder negativ zu beurteilen.
Wat eten en drinken zij in het weekend?	Was essen und trinken sie am Wochenende?
Vraag je buurvrouw/ buurman wat zij/hij allemaal eet en drinkt.	Frage deine Nachbarin/ deinen Nachbarn, was sie/er so isst und trinkt.

Ü

ophouden	aufhören
opstaan* (ik sta op)	aufstehen (ich stehe auf)
het leven	das Leben

Wörterverzeichnis nach Lektionen

1

ontbijten*	frühstücken
naar school gaan	zur Schule gehen
zich aankleden	sich anziehen
het bed	das Bett
slapen* (ik slaap)	schlafen (ich schlafe)
douchen	duschen

3

zich wassen* (ik was me)	sich waschen (ich wasche mich)
voetballen (ik voetbal)	Fußball spielen (ich spiele Fußball)
basketballen (ik basketbal)	Basketball spielen (ich spiele Basketball)
volleyballen (ik volleybal)	Volleyball spielen (ich spiele Volleyball)
huiswerk maken	Hausaufgaben machen
lunchen	zu Mittag essen
boodschappen doen*	Lebensmittel einkaufen

4

de dagindeling	die Tageseinteilung
praten (ik praat)	sprechen (ich spreche)
Daar denk ik heel anders over.	Da bin ich ganz anderer Meinung.
iedere dag	jeden Tag
uitslapen* (ik slaap uit)	ausschlafen (ich schlafe aus)
de hele dag	den ganzen Tag
Jawel!	Doch!
altijd	immer
het ding	das Ding
daarna	danach
snel	schnell
het strand	**der** Strand
de zon	die Sonne
liggen* (ik lig)	liegen (ich liege)
luieren	faulenzen
op stap	unterwegs
niets	nichts
de markt	der Markt
winkelen	einkaufen, Schaufensterbummel machen
Hou maar op!	Hör bloß auf!
moe	müde
de disco	die Diskothek
graag	gerne
dansen	tanzen
daarvoor	davor
de Italiaan	der Italiener
eten* (ik eet)	essen (ich esse)
kunnen wij beter niet	sollen wir lieber nicht
samen op vakantie gaan	zusammen in Urlaub fahren
Zeg dat wel!	Das kannst du laut sagen!

5

Ik vind van niet.	Das finde ich nicht.
Daar ben ik het niet mee eens.	Damit bin ich nicht einverstanden.
Dat vind ik wel.	Das finde ich sehr wohl so.

6

het ontbijt	das Frühstück
klaarmaken	(zu)bereiten, machen
drinken*	trinken
het kopje	**die** Tasse
de thee	der Tee
de koffie	der Kaffee
naar huis	nach Hause
het huishouden	**der** Haushalt, **die** Hausarbeit
de afwas	der Abwasch
we gaan ook wel eens uit (uitgaan*)	wir gehen auch schon mal aus/weg (ausgehen)
meestal	meistens
na	nach (zeitlich)

7

fout	fehlerhaft, falsch
de zin	der Satz
verbeteren	verbessern, korrigieren

8

vaak	oft
af en toe	ab und zu

9

het jazzballet	das Jazzballett
het avondeten	das Abendessen
opruimen (ik ruim op)	aufräumen (ich räume auf)

11

de melk	die Milch
de ham	der Schinken
de boter	die Butter
de yoghurt	der Joghurt
de jam	die Marmelade
het ei	das Ei
de hagelslag	die Schokoladenstreusel
de suiker	der Zucker
de honing	der Honig
het fruit	das Obst
de ontbijtkoek	der Frühstückskuchen
de pindakaas	die Erdnussbutter
de muesli	**das** Müsli
de boterham	die Brotscheibe
de kaas	der Käse
het sinaasappelsap	**der** Orangensaft
het broodje	das Brötchen
de worst	die Wurst

12

door de week	unter der Woche

13

toe	zu, dazu

***Ander*land**

belangrijk	wichtig
het bezoek	**der** Besuch
meteen	gleich, sofort

weg	weg
van harte welkom	herzlich willkommen
ieder	jede(r/s)
het koekje	das Plätzchen, der Keks
de koektrommel	die Keksdose
dicht	zu
onhartelijk	unfreundlich
zichzelf	sich selbst
tweede	zweite(r)
meer	mehr
straks	gleich, nachher
bespreken* (ik bespreek)	besprechen (ich bespreche)
bijvoorbeeld	zum Beispiel

Lektion 6

Welke tekst hoort erbij?	Welcher Text gehört dazu?
Schrijf de infinitief en het perfectum van de werkwoorden uit de teksten op.	Schreibe den Infinitiv und die Perfektform der Verben aus den Texten auf.
Heb je ook wel eens zo'n dag gehad?	Hast du auch schon mal einen solchen Tag gehabt?
Zoek in het gedicht de passende vormen van het perfectum en schrijf ze op.	Suche in dem Gedicht die passenden Perfekt formen und schreibe sie auf.
Welke andere woorden vind je nog belangrijk?	Welche anderen Wörter findest du noch wichtig?
Wat heb je gedaan?	Was hast du gemacht?
Wie verzint het beste smoesje?	Wer erfindet die beste Ausrede?
Welke foto hoort bij welke zin?	Welches Foto gehört zu welchem Satz?
En je moeder/vader?	Und deine Mutter/dein Vater?

Ü

gisteren	gestern
doen* (ik doe)	tun (ich tue)
gedaan	getan
gezegd (zeggen)	gesagt
gegaan (gaan)	gegangen

1

hoezo	wieso?
de specialiteit	die Spezialität

3

zo'n dag	so ein Tag
gehad (hebben)	gehabt
opgestaan (opstaan)	aufgestanden
waarom	warum?
de kleren	die Kleider
het kledingsstuk	das Kleidungsstück
aantrekken* (ik trek aan)	anziehen (ich ziehe an)
aangetrokken	angezogen
m'n	mein
de sokken	die Socken
tenminste	(hier:) wenigstens
letten (op) (ik let op)	aufpassen (ich passe auf)
de hemel	der Himmel
terug	zurück
gegeten (eten)	gegessen
het schrift	das Heft
gezocht (zoeken)	gesucht
de reserve	die Reserve
kopen* (ik koop)	kaufen (ich kaufe)
gekocht	gekauft
nat	feucht, nass
het tuinpad	**der** Gartenweg
uitglijden* (ik glijd uit)	ausrutschen (ich rutsche aus)
uitgegleden	ausgerutscht
de bus	der Bus
wegrijden* (ik rijd weg)	wegfahren (ich fahre weg)
weggereden	weggefahren
toen	(hier:) dann
genomen (nemen)	genommen
alles	alles
de lekke band	der Platten (Fahrrad)
het feest	das Fest
zoiets	so etwas
vlug	schnell, rasch
repareren (ik repareer)	reparieren (ich repariere)
gerepareerd	repariert
geleerd (leren)	gelernt
de lift	die Mitfahrgelegenheit
gegeven	gegeben
geven* (ik geef)	geben (ich gebe)
ach	ach
thuisblijven* (ik blijf thuis)	zu Hause bleiben (ich bleibe zu Hause)
gebleven	geblieben

5

het gedicht	das Gedicht
rijden* (ik rijd)	fahren (ich fahre)

6

de groep	die Gruppe
vorig	vorig, letzt
eergisteren	vorgestern
twee weken geleden	vor zwei Wochen

9

mei	Mai
de speeltuin	der Spielplatz
koken (ik kook)	kochen
de bioscoop	**das** Kino

10

fietsen	Rad fahren
zich vervelen (ik verveel me)	sich langweilen (ich langweile mich)